이동 평균선
투자법

Idoheikinsen Kyukyokuno Yomikata Tsukaikata

© Kojirokousi 2018

All rights reserved.

Originally published in Japan by Nippon Jitsugyo Publishing Co., Ltd.

Korean translation rights arranged with

Nippon Jitsugyo Publishing Co., Ltd. , through Shinwon Agency, Co.

MOVING AVERAGE

이동 평균선 투자법

移動平均線 究極の読み方・使い方

차트 분석의 시작과 끝은 이동 평균선이다

고지로 강사 지음 | 김정환 옮김

이레미디어

머리말

먼저 독자 여러분에게 내 소개를 하겠다. 나는 고지로 강사라는 닉네임으로 투자 교육을 하고 있는 데즈카 고지라고 한다.

투자의 필요성이 점점 높아짐에 따라 이제 투자는 사회인에게 필수 과목이 되었다. 일본 정부가 "저축에서 투자로"를 외치는 시대다.

과거에는 정년까지 고용이 보장되고, 시간이 흐를수록 급여가 점점 오르며, 회사를 그만두면 퇴직금이 확실히 나오고, 노후에는 연금을 받으며 걱정 없이 살 수 있는 행복한 시대도 있었다. 그 시절에는 굳이 위험을 무릅쓰고 투자할 필요가 없었다. 그러나 지금은 시대가 바뀌었다. 노후까지 걱정 없이 살 수 있게 해 주던 시스템들이 전부 붕괴한 가운데 수명만 늘어나 버렸다. 과거에는 오래 사는 것이 경사스러운 일이었지만, 언제부터인가 '장수 리스크'라는 말이 들리기 시작했다. 현대 사회에서 장수는 그저 리스크일 뿐이다. 많은 사람이 'ㅇㅇ세까지는 어떻게든 먹고살 수 있을 것 같은데, 그 뒤에는 어떻게 살아가야 할지 모르겠어.'라고 고민하게 되었다. '노후 파산'이라는 말도 탄생했다. 참으로 무서운 시대다.

이 문제를 해결할 방법은 투자뿐이다. 이제 투자는 좋든 싫든 모든 사람이 해야 하는 필수 과목이 되었다. 투자를 통해 자산을 지키고 불려 나가는 기술을 익히지 않는 한은 안심하고 인생을 살아갈 수 없다.

상황이 이런데도 일본에는 올바른 투자 교육을 받을 수 있는 장소가 턱없이 부족한 탓에 투자자들이 길 잃은 어린 양과 같은 처지에 놓여 있다. 투자를 하고 싶어도 어떻게 해야 할지 알 수가 없다. 투자에 관해 공부하고 싶어도 어디에서 무엇을 배워야 할지 알 수 없다. 안타깝게도 일본은 투자 교육 후진국이다. 나는 본래 의무 교육 과정에서 투자에 관해 가르쳐야 함에도 그렇지 못한 일본의 투자 환경을 조금이라도 나은 방향으로 이끌고자 매일같이 노력하고 있다.

앞에서도 말했듯이 나는 고지로 강사라는 닉네임으로 활동하고 있는데, 이 닉네임을 사용하게 된 이유에 관해 잠시 이야기하고 넘어가겠다. 오랫동안 투자의 세계에 몸담아 온 나는 투자가 얼마나 멋지고 매력적인지 실감해 왔다. 그리고 동시에 개인 투자자들이 아무런 공부도 하지 않은 채 투자의 세계에 뛰어들었다가 실패하는 모습도 목격해 왔다.

다만 실패 자체는 결코 나쁜 것이 아니다. 투자를 하다 보면 이익을 낼 때도 있지만 손해를 볼 때도 있기 마련이다. 아무리 투자의 베테랑이라 해도 '아쉽지만 이번에는 생각대로 되지 않았네.'라는 상황은 당연히 일어난다. 그러나 제대로 공부만 했다면 충분히 피할 수 있었던 함정에 빠지는 사람도 많다. 아니, 사실은 그런 사람이 대부분이다. 그 모습을 볼 때마다 나는 안타까움을 금할 수가 없었다. 그리고 줄곧 생각해 왔다. 자동차의 운전면허처럼 투자에도 자격이 있었으면 좋겠다고. 투자를 시작하려면 먼저 반드시 취득해야 하는 자격 말이다. 만약 그런 자격이 탄생한다면 나는 그 자격시험에 대비하는 학원의 강사가 되고 싶었다. 그래서 닉네임에 먼저 '강사'를 붙였다.

한편 고지로라는 이름을 붙인 이유는 두 가지다. 내 본명인 '고지'를 살짝 비튼 것이기도 하고, 미야모토 무사시의 라이벌로 유명한 '사사키 고지로'에서 따온 것이기도 하다. 나는 아무런 공부도 하지 않고 투자의 세계에 뛰어드는 사람을 '무모한 사람'이라는 의미에서 '무차시(無茶し)'라고 부르는데, 무차시라고 하니 왠지 미야모토 무사시가 떠올라서, 그렇다면 사사키 고지로 정도는 되어야 상대할 수 있지 않겠느냐는 생각에 고지로라는 이름을 쓰게 되었다.

투자는 절대 간단하지 않다. 공부하지 않으면 성공하기 어렵다. 그러나 올바르게 공부한다면 성공할 확률을 높일 수 있으며, 그 공부는 결코 어렵지 않다.

이 책은 초보 투자자를 대상으로 썼다(제5장의 대순환 MACD는 중상급자에게도 유용할 것이다). '이동 평균선 대순환 분석'이라는 거창한 명칭을 붙이기는 했지만, 사실은 이동 평균선을 세 개 사용할 뿐이다. "차트 분석은 이동 평균선으로 시작해서 이동 평균선으로 끝난다."라는 말까지 있을 만큼 유명한 분석 도구인 이동 평균선을 더도 말고 덜도 말고 딱세 개 사용하면 '에지(edge)'라는 것을 손쉽게 찾아낼 수 있다.

갑자기 '에지'라는 말이 나왔는데, 에지란 무엇일까? 이것은 확률적으로 유리한 국면을 의미한다. '투자의 세계에 절대란 없다. 그러나 확률적으로 유리한 국면일 때 투자하기를 거듭하면 최종적으로는 이익을 낼 수 있다.' 이것이 나의 투자 철학이다.

투자를 시작할 때 제일 먼저 읽어 봐야 할 책이 될 수 있도록 노력했다. 이 책에는 단순하지만 재현성이 있는, 투자에서 이익을 내기 위한 최고의 지름길이 소개되어 있다. 이 책을 통해 한 명이라도 많은 투자자가 투자의 매력을 깨닫고 진정한 투자 실력을 키우기를 기대한다.

마지막으로, 최대한 이해하기 쉽게 쓰려고 노력했지만 투자 경험이 전혀 없는 사람에게는 어려운 부분이나 잘 이해가 안 되는 부분도 있을지 모른다. 그러니 적어도 세 번은 읽어 보기 바란다. 약속하건대 여러분의 인생이 달라질 것이다.

그러면 지금부터 나와 함께 착실하게, 진지하게, 올바르게 투자 공부를 시작하자.

2018년 1월

차트 마이스터 고지로 강사(데즈카 고지)

차 례

제 3 장 ——————————————————

이동 평균선 대순환 분석의 구조와 사용법

————————————————————————

제4장 ──────────────────────

실제 차트를 보고 가격 변동을 추리해 보자

제5장 ──────────────────────

대순환 MACD를 마스터하자

제 6 장 ————————————————————————————————

자금 관리와 리스크 관리

————————————————————————————————

고지로 강사의 트레이딩 연습 '프랙티스'

移動平均線 究極の読み方・使い方

제1장

이익의 원천은
'에지가 있는 트레이딩'

트레이딩에서
'에지'란 무엇일까?

우리는 왜 투자를 할까? 이 질문에 대한 대답은 지극히 단순하다.

"자산을 늘리고 싶어서."

이것이 투자를 하는 이유의 전부이며, 모든 투자자의 공통된 생각일 것이다. 자산을 늘리기 위한 투자 방법론에는 기본적 분석(Fundamental Analysis, 펀더멘털 분석)과 기술적 분석(Technical Analysis, 테크니컬 분석)이 있다. 다만 개인 트레이더 수준에서 기본적 분석만으로는 프로 트레이더를 상대로 이익을 내기가 상당히 어렵기에 기술적 분석을 바탕으로 투자(=트레이딩)를 하게 된다. 이 책에서 해설할 이동 평균선은 그런 기술적 분석의 지표 중 하나다.

기술적 지표로는 이동 평균선 이외에도 RSI(Relative Strength Index, 상대강도지수), MACD(Moving Average Convergence Divergence, 이동 평균 수렴·확산 지수), 일목균형표(一目均衡票), 스토캐스틱(Stochastic) 등 여러 가지가 있다. 이 가운데 어떤 지표가 옳다거나 어떤 지표가 틀렸다거나 하는 것은 없으며, 전부 일리가 있는 지표들이다.

또한 어떤 지표를 사용하든 '차트를 사용해서 현재의 시황을 분석한다.'라는 것은 공통적이다. 여기서 오해하지 않았으면 하는 것은, 차트 분석의 중요성은 미래의 예측보다 현재 상황의 분석에 있다는 점이다. 현재의 상황을 분석해 '에지가 있는 상태'를 찾아내는 것이 차트 분석의 기본이다.

트레이딩의 철칙은 에지가 있는 곳에서 한다는 것이다. 파산하지 않는 자산 관리와 리스크 관리를 하는 가운데 이 철칙을 지킨다면 어떤 지표를 사용해서 트레이딩을 하든 이익을 낼 확률이 손해를 볼 확률을 웃돌게 된다.

에지란 무엇일까? 일반적으로는 '우위성'으로 번역한다. 트레이딩에서 우위성이란 가격이 끊임없이 변동하는 가운데 '명백히 사는 것이 유리한' 혹은 '명백히 파는 것이 유리한' 국면을 가리킨다.

가격은 오르거나 내리거나 둘 중 하나다. 확률이 50 대 50이다. 사는 쪽과 파는 쪽의 균형을 통해서 현재의 가격이 결정되기 때문이다. 알기 쉽게 말해 앞으로 가격이 오르리라고 생각하는 사람과 내리리라고 생각하는 사람이 반반이기에 지금의 가격이 된 것이다. 그러므로 '가격이 아무리 높더라도 혹은 아무리 낮더라도, 현시점에서 가격이 오를 가능성과 내릴 가능성은 반반'이다.

가령 프로 펀드 매니저가 "1,300엔의 가치가 있다."라고 분석한 종목이 있다고 가정하자. 만약 그 분석이 사실이라면 그 회사의 주식은 지금 당장 1,300엔 근처에서 거래되어야 할 것이다. 그러므로 누가 뭐라고 말하든 현시점의 가격이 그 주식의 가격이며, 앞으로 오를지 내릴지는 원칙적으로 반반의 가능성이 있다.

그런데 한편으로는 명백히 사는 것이 유리한 혹은 파는 것이 유리한 국면일 때가 있다. 앞에서 현재 가격은 사는 쪽과 파는 쪽의 균형을 통해서 결정된다고 말했는데, 가격 변동은 비유하자면 사는 쪽과 파는 쪽의 줄다리기와 같다. 인원수도 체격도 힘도 비등비등한 두 팀이 하는 줄다리기다. 중앙선을 사이에 두고 A팀과 B팀이 서로 힘껏 줄을 잡아당기며 일진일퇴의 공방을 벌인다.

줄다리기를 계속하다 보면 어느 한쪽의 태세가 흐트러지는 국면이 있기 마련이다. 일단 태세가 흐트러지면 상대 팀에 질질 끌려가지만, 그렇다고 끝까지 끌려가기만 하는 것은 아니다. 어딘가에서 태세를 바로잡고 반격에 나선다. 이렇게 해서 본래의 힘은 호각인 가운데 이따금 어느 한쪽 팀이 이기거나 지거나 한다. 어느 쪽이 연승 혹은 연패를 할 때가 있는가 하면 금방 다시 호각을 이룰 때도 있다. 이렇게 해서 가격이 변동한다.

매수에 에지가 있다는 말은 가격이 변동하는 가운데 사는 것이 유리한 상태, 매도에 에지가 있다는 말은 파는 것이 유리한 상태를 의미한다. 요컨대 '균형이 약간 무너진 상태'라고 할 수 있다. 다만 여기에서 주의할 점이 있는데, 사는 것이 유리한 상태 혹은 파는 것이 유리한 상태라는 말은 '확률적으로' 그렇다는 의미다. 매수에 에지가 있다고 해서 그 후 반드시 가격이 상승하는 것은 아니며, 매도에 에지가 있다고 해서 그 후 반드시 가격이 하락하는 것도 아니다. 보통은 50 대 50인 것이 60 대 40이 되거나 70 대 30이 된다는 의미로 생각하기를 바란다. 에지가 있다고 생각해 매수 혹은 매도를 했는데 가격이 예상과 반대 방향으로 움직일 가능성도 항상 있다.

또한 '확률적으로' 그렇다는 말은 에지가 있는 국면에서 매매하기를 수백 번, 수천 번 반복하면 전체적으로 봤을 때 이익을 낼 확률이 60퍼센트 혹은 70퍼센트에 수렴한다, 즉 큰수의 법칙을 따른다는 의미다. 큰수의 법칙은 확률론의 용어로, 모집단의 수가 클수록 올바른 확률이 반영되는 원리를 표현한 법칙이다. 가령 주사위를 굴려서 '1'의 눈이 나올 확률은 6분의 1이지만, 그렇다고 해서 주사위를 6회 굴렸을 때 그중 한 번은 반드시 1이 나온다는 뜻은 아니다. 10회를 굴려도 20회를 굴려도 1이 단 한 번도 안 나올 수 있다. 그러나 1,000회를 굴리면 어떻게 될까? 전체적으로는 6분의 1에 가까운 확률로 1의 눈이 나올 것이다. 바로 이것이 큰수의 법칙이다.

따라서 에지가 있는 국면에서 매매를 하더라도 그 횟수가 적다면 반드시 수익을 낸다는 보장은 없다. 요컨대 "에지가 있는 곳에서 트레이딩을 해야 한다."라는 말은 "에지가 있는 곳에서 트레이딩을 거듭하면 종합적으로는 이익을 낼 가능성이 높다."라는 의미다.

모두가 아는
'에지'에 관하여

그런 에지가 있는 상황으로는 일반적으로 다음과 같은 국면이 알려져 있다. 참고로 여기에서 중요한 점은 '일반적으로 알려져 있다.'라는 것이다. 시장의 가격은 다수결로 결정되기 때문이다. 자신만이 알고 있는 '숨겨진 에지'는 다른 시장 참가자들이 따라와 주지 않기 때문에 아마도 에지로서 기능하지 못할 것이다.

① 이동 평균선의 에지

이동 평균선에 관해서는 제2장에서 자세히 설명하겠지만, 트레이딩에서 이것이 에지가 되는 가장 큰 이유는 '가격 변동의 추세(트렌드)는 계속된다.'라는, 경험을 통해 얻은 법칙이 있기 때문이다. 따라서 트레이딩으로 이익을 내기 위해서는 추세의 방향에 순응하는 포지션을 취하는 것이 가장 중요한데, 그 추세를 파악하는 데 있어 가장 쉬운 기술적 지표가 바로 이동 평균선이다.

이동 평균선에는 다양한 활용법이 있으며, 제2장에서 설명하는 골든크로스와 데드크로스 등 에지로서 활용할 수 있는 방법에도 여러 가지가 있다. 이 책에서 소개하는 '이동 평균선 대순환 분석'은 이동 평균선이 지닌 다양한 에지로서의 활용법을 총합해서 판단하는 수법인데, 자세한 내용은 제3장 이후에서 설명할 것이다.

참고로 이동 평균선은 기술적 지표 중 하나이며, 이동 평균선 이외에도 에지가 된다고 알려진 기술적 지표는 있다. 다만 이 책에서는 그런 지표에 관해 자세히 이야기하지 않으니 관심이 있는 사람은 다른 참고 서적 등을 살펴보기를 바란다.

② 신고가·신저가 경신의 에지

기술적 지표 이외에도 에지를 찾아내는 데 사용할 수 있는 것은 있다. 이를테면 직접적인 가격 변동인 신고가·신저가 경신이 그것이다. 시장에서는 신고가를 경신하면 더욱 상승하고 신저가를 경신하면 더욱 하락하는 경향을 자주 볼 수 있다.

가령 고가를 기록한 뒤에 눌림목을 형성한 상황을 상상해 보기 바란다. 어떤 종목의 주가가 3,000엔의 고가를 기록한 뒤 2,500엔까지 하락하며 눌림목을 형성했다고 가정하자. 그러면 이 종목을 보유한 트레이더는 '이거 참, 3,000엔에 팔 수 있었는데 500엔이나 손해를 봤네. 이렇게 된 이상 다음에 3,000엔까지 오르면 무조건 팔아서 이익을 확정하자.'라고 생각할 것이다. 그러나 시장에는 이 트레이더와 똑같은 생각을 하는 사람이 무수히 많기 때문에 3,000엔 근방에 지정가 매도 주문이 대량으로 쌓여 간다.

이런 국면에서 주가가 좀처럼 3,000엔까지 상승하지 않으면 아마도 많은 트레이더가 '이익이 조금 줄어도 상관없으니 이익을 확정하자.'라고 생각해 매도 지정가를 낮출 것이다. 그러면 고가였던 3,000엔부터 현재의 주가 사이에 수많은 지정가 매도 주문이 나열되며, 당연히 주가는 더더욱 상승하지 않게 된다. 주가가 조금만 올라도 매도 주문이 쏟아지는 상황이 반복되기 때문이다.

그런데 이때 그 종목의 가격 상승력이 진짜여서 일단 눌림목을 형성한 뒤에도 매도 물량을 확실히 소화해내며 2,950엔, 3,000엔으로 상승한다면 3,000엔부터 위에는 거의 매도 물량이 없게 된다. 그렇게 신고가를 경신하면 이미 종목을 들고 있는 사람들은 주가가 더 오를 것이라고 생각하기 때문에 관망하거나 추가 매수를 하면 했지, 매도는 하지 않는다. 그 결과 신고가를 기록한 뒤에는 거의 저항 없이 주가가 계속 상승한다.

신저가의 경우는 신고가와 반대의 움직임을 생각할 수 있다.

요컨대 신고가나 신저가를 경신한 종목의 주가는 그 뒤로 크게 상승하거나 하락할 확률이 높다고 말할 수 있는 것이다.

③ 저항선·지지선의 에지

저항선(Resistance line)과 지지선(Support line)이라는 말도 자주 들어 봤을 것이다. ②에서 신고가와 신저가에 관해 언급했는데, 신고가나 신저가가 되기 전의 고가나 저가는 저항선으로 기능할 때가 많다. 가격의 상승 추세나 하락 추세가 계속되면 어떤 가격에서 그보다 상승하거나 하락하는 것을 막으려는 듯한 저항에 부딪힐 때가 있는데, 이것은 그 종목의 차트를 보고 있는 많은 시장 참가자 사이에 공통 인식이 형성되는 데서 기인한다.

가령 어떤 종목의 주가가 하락해도 500엔 부근에서는 매수 주문이 들어와 하락이 멈추는 식의 현상이 몇 차례 계속되면 '현시점의 바닥은 500엔'이라는 공통 인식이 생겨나 500엔 부근에서는 매수세가 우세해진다. 그런데 계속 그런 움직임을 보였던 주가가 어느 날 500엔 아래로 내려가면 바닥이라고 생각해 매수하던 트레이더들이 매도로 돌아서는 상황을 생각할 수 있다.

또한 1달러=110엔처럼 깔끔하게 떨어지는 숫자는 옵션거래 등에 관여한 기관 투자자들의 줄다리기에 따라 저항선이나 지지선이 되기 쉬운 경향이 있다. 이때 매도 포지션을 가진 쪽에서는 1달러=110엔의 선을 넘어서 달러화 강세가 진행되게는 하고 싶지 않다는 심리가 발동하고, 매수 포지션을 가진 쪽에서는 그 반대의 심리가 발동한다. 그래서 110엔을 사이에 두고 매도 포지션을 가진 쪽과 매수 포지션을 가진 쪽의 공방이 벌어지는데, 이것도 저항선이나 지지선이 형성되는 이유 중 하나다.

이런 상황에서 매수 포지션을 가진 쪽의 기세가 더 강해 1달러=110엔의 저항선을 돌파하면 앞에서 이야기한 신고가나 신저가와 같은 심리가 발동해 그 후의 움직임에 기세가 붙을 가능성이 커진다. 그리고 '일단 돌파한 저항선이 지지선으로 바뀌는' 혹은 '일단 돌파당한 지지선이 저항선으로 바뀌는' 일이 일어나기도 한다.

④ 손절의 에지

지지선이나 저항선이 돌파당하면서 포지션을 보유하고 있었던 트레이더들의 손절에 따른 에지가 발생하기도 한다.

매수 포지션을 취한 뒤에 가격이 하락하더라도 대부분의 트레이더는 어느 정도까지 참고 상황을 지켜보기 마련이다. 반대로 매도 포지션을 취한 뒤에 가격이 상승하더라도 대부분의 트레이더는 어느 정도까지 참고 상황을 지켜본다. 그러나 일정 수준까지 하락하거나 상승해 버리면 그 이상 손실이 불어나는 것을 견딜 수 없거나 기계적으로 포지션을 해소해야 하므로 투매 또는 숏스퀴즈(short squeeze, 가격을 신경 쓰지 않고 포지션 해소를 우선하는 매매)에 나서는 트레이더가 나타난다. 이런 움직임으로 인해 가격이 하락하거나 상승하면 이것이 또 다른 투매나 숏스퀴즈를 부른다. 이런 상황도 매수 혹은 매도에 에지가 있는 국면이라고 말할 수 있다.

왜 이동 평균선
대순환 분석인가?

머리말에서도 말했듯이, 이 책에서는 내가 장기간의 연구와 실천을 통해 알기 쉽고 많은 사람이 손쉽게 활용할 수 있는 수법이라고 생각하는 '이동 평균선 대순환 분석'을 트레이딩에서의 에지로서 소개할 것이다.

이것은 수많은 기술적 지표의 기반인 '이동 평균선'을 사용한 궁극의 분석 수법이라고 말할 수 있다.

제1장에서 설명하듯이 이동 평균선에는 다양한 활용법이 있다. 이동 평균선 두 개를 이용한 골든크로스·데드크로스도 그런 활용법 중 하나인데, 이것은 박스 장세가 되는 순간 오신호(誤信號)로 가득해져 버린다는 결점이 있다. 한편 이동 평균선 대순환 분석은 세 개의 이동 평균선을 사용함으로써 오신호를 줄일 수 있다.

그리고 대변동 장세(거대한 추세)를 확실히 감지할 수 있다. 이것이 이동 평균선 대순환 분석의 가장 큰 장점이다.

매우 단순해서 누구나 쉽게 이해할 수 있는 방법이라는 것도 장점이다. 가령 이동 평균선 대순환 분석을 사용해 매수와 매도 중 어느 쪽에 에지가 있는지 판정하는 것도 다음과 같이 단순 명쾌하다.

매수에 에지가 있는 상태

① 이동 평균선이 위에서부터 단기·중기·장기로 배열된다.

② 세 개의 이동 평균선이 전부 우상향

매도에 에지가 있는 상태

① 이동 평균선이 아래에서부터 단기·중기·장기로 배열된다.

② 세 개의 이동 평균선이 전부 우하향

각각 조건이 두 가지뿐이며, 이 두 조건을 충족했다면 매수 혹은 매도에 에지가 있음을 알 수 있다. 당연히 매수에 에지가 있는 상태라면 매수 포지션을, 매도에 에지가 있는 상태라면 매도 포지션을 취한다. 그리고 이것도 중요한 점인데, 그 밖의 상태일 때는 아무것도 하지 않는 것이 기본이다. 매우 단순하지만 이것이 트레이딩의 승리 방정식이다. 그래서 외국에서는 이 수법을 '퍼펙트 오더'라고 부른다. 주문하는 전제로서 완벽한 조건이며 완벽한 기회라는 의미다.

왜 이 수법이 그렇게까지 높은 평가를 받고 있으며 구체적으로 어떻게 사용하는지에 관해서는 제3장에서 자세히 설명하기로 하고, 먼저 이동 평균선에는 어떤 효능이 있는지를 제2장에서 살펴보도록 하겠다.

移動平均線 究極の読み方・使い方

제2장

이동 평균선을
더 깊게 이해하자

이동 평균선은
모든 분석 수법의 기본

"차트 분석은 이동 평균선으로 시작해 이동 평균선으로 끝난다.", "이동 평균선을 지배하는 자가 차트 분석을 지배한다."라는 말이 있다. 이처럼 기술적 분석에서 이동 평균선은 기본 중의 기본으로 여겨지고 있다.

이동 평균선은 1920년경에 미국에서 개발된 기술적 지표다. 다만 같은 시기에 일본에도 '가라미아시(からみ足)'라는 명칭으로 이동 평균선이 존재했다는 이야기가 있는데, 이에 관해서는 같은 시기에 독자적으로 개발되었다는 설과 미국에서 전래되었다는 설이 있다.

이동 평균선이 대중에게 알려진 것은 1960년에 미국의 애널리스트인 조셉 E. 그랜빌(Joseph E. Granville)이 이동 평균선 해설서인《수익 극대화를 위한 일별 주식 시장 타이밍 전략(A Strategy of Daily Stock Market Timing for Maximum Profit)》을 출판한 뒤다. 그러므로 트레이딩 업계에서는 50년이 넘는 역사를 자랑하는 정석 지표라고 말할 수 있다.

기술적 분석 지표로는 이동 평균선 이외에도 여러 가지가 있다. MACD, RSI, 볼린저 밴드(Bollinger Bands), 일목균형표, 스토캐스틱 등 트레이더라면 한 번쯤은 들어 본 적이 있는 것부터 거의 들어 본 적이 없는 것까지 100가지가 훌쩍 넘어간다. 각 분석 지표마다 그것을 능숙하게 활용할 줄 아는 사람들이 있으며, 그들은 자신이 편애하는 분석 지표의 우수성을 주장한다.

정보는 물론 많을수록 좋다. 그러나 "MACD는 이 부분이 뛰어나다.", "일목균형표는 이 부분이 훌륭하다." 같은 이야기를 개별적으로 듣다 보면 무엇을 선택해야 할지 판단하기가 어려워진다.

투자자들이 알고 싶어 하는 것은 무엇이 주식 거래에 효과적이냐는 것이다. 바꿔 말하면, 어떤 분석 지표를 사용해야 가격이 오를지 혹은 내릴지 예측할 수 있고 진입 혹은 청산할 타이밍을 잡기 쉬우며 오신호를 만날 확률이 낮으냐는 것이다.

나는 직업상 프로 트레이더로 불리는 사람들의 이야기를 들을 기회가 종종 있다. 과거에 은행에서 외환 딜러로 일했던 경험을 살려 개인 트레이더가 된 사람도 알고 있다. 그들의 이야기를 들어 보면 신기하게도, 트레이딩 경험이 쌓일수록 기본으로 돌아가게 된다고 한다. 다시 말해 기본 분석 지표를 사용하는 사람이 많았다. 피보나치가 어떻고 펜타곤이 어떻고 말하던 사람도 결국은 가장 기본적이고 단순한 분석 지표를 사용하게 되는 것이다. 그리고 이동 평균선이야말로 그 필두가 아닌가 생각한다.

이동 평균선의
역할과 계산 방법

　이동 평균선의 첫 번째 역할은 가격 변동을 매끄럽게 표현하는 것이다. 캔들스틱 차트는 위아래로 들쭉날쭉하게 움직이기 때문에 추세를 파악하기가 어렵지만, 이동 평균선은 그 움직임을 평균화해서 매끄럽게 표현하기에 추세를 파악하기가 용이하다. 도표2-1을 보면 캔들스틱 차트만 봐서는 파악하기 힘든 상승 추세와 하락 추세가 잘 보이는 것을 알 수 있다.

　이동 평균선은 계산 방법에 따라 수많은 종류가 있다. 단순 이동 평균선(SMA, Simple Moving Average), 가중 이동 평균선(WMA, Wighted Moving Average), 지수 이동 평균선(EMA, Exponential Moving Average)이 대표적이며, 가장 유명한 것은 단순 이동 평균선이다.

　이동 평균선뿐 아니라 MACD나 RSI에도 전부 적용되는 이야기인데, 기술적 분석에 사용되는 분석 지표를 다룰 때 중요한 점은 그 계산의

도표2-1 추세를 쉽게 파악하도록 돕는 것이 이동 평균선의 역할

도요타 자동차(일봉)

캔들스틱 차트만으로는
파악하기 어려운
상승·하락 추세가 잘 보인다.

······· 75일 이동 평균선

근거를 제대로 이해하는 것이다. 무엇이든 그렇지만 원리를 몰라서는 제대로 활용할 수 없으므로, 내가 이해하지 못한 것은 사용하지 않는다는 정도의 마음가짐이 바람직하다.

그러면 이동 평균선을 구하기 위해서는 어떤 계산식을 사용해야 할까? 단순 이동 평균선을 예로 들어 생각해 보자. 먼저 이동 평균이란 무엇인가에 관해 설명하겠다. '평균'이 무엇인지는 누구나 알 것이다. 가령 미국 달러에 대한 엔화 환율(종가)의 5일 평균은 문자 그대로 5일 동안의 종가를 전부 더한 다음 이를 5일로 나눈 값이다. 실제 수치로 예를 들어보자.

1일째……110엔 50전

2일째……110엔 90전

3일째……110엔 10전

4일째……109엔 50전

5일째……110엔 20전

이 경우에 5일 동안의 평균이 얼마인지는 다음의 계산식으로 구할 수 있다.

(110엔 50전＋110엔 90전＋110엔 10전＋109엔 50전＋110엔 20전) ÷ 5일

이 정도는 초등학교에서 배우는 수준의 계산이므로 누구나 손쉽게 구할 수 있을 것이다. 답은 110엔 24전이다. 이것이 5일째의 종가가 나온 시점을 포함해 최근 5일 동안의 종가의 평균값이다. 다만 이 시점에서 구한 것은 어디까지나 최근 5일 동안의 종가의 평균값일 뿐이다. 이동 평균선이 되려면 이 평균값을 매일 계산하면서 그 값들을 연결해 선으로 만들어야 한다.

가령 6일째에는 미국 달러에 대한 엔화 환율의 종가가 110엔 90전이었다고 가정하자. 그러면 1일째의 종가를 제외하고 그 대신 6일째의 종가를 추가해 최근 5일 동안의 평균값을 계산한다.

(110엔 90전＋110엔 10전＋109엔 50전＋110엔 20전＋110엔 90전)÷5일

＝110엔 32전

이렇게 매일 새로운 날의 종가를 추가하는 동시에 첫째 날의 종가를
제외하는 방식으로 5일 동안의 평균값을 끊임없이 계산하면서 선으로
연결해 나가면 5일 이동 평균선이 만들어진다.

그런데 이동 평균선을 활용하려고 하면 반드시 어떤 문제에 직면하
게 된다. '며칠 동안의 평균값을 계산해야 할까?'라는 문제다. 증권사에
서 제공하는 거래 시스템의 차트 도구에는 대개 5일, 20일, 75일, 200
일 이동 평균선이 준비되어 있다. 일반적으로 5일 이동 평균선은 '단기
선', 20일 이동 평균선과 75일 이동 평균선은 '중기선', 200일 이동 평균
선은 '장기선'이라고 부른다. 참고로, 5일은 일주일(7일) 중에서 주식 시
장이 문을 열지 않는 토·일요일을 제외한 날수다. 20일은 1개월에서
토·일요일을 뺀 날수에 가까우며, 같은 원리로 75일은 3개월, 200일은
1년에 해당한다.

각각의 이동 평균선을 표시해 보면 도표2-2처럼 된다. 여기에서는
네 가지 이동 평균선을 소개했지만, 차트 화면에 항상 이 네 가지 이동
평균선을 전부 표시해 놓을 필요는 없다. 자신이 선호하는 트레이딩의
시간축에 맞춰서 매수·매도 신호가 적절히 출현하는 이동 평균선을 조
합하면 된다. 어떤 기간의 이동 평균선을 사용할지는 어디까지나 자신
이 어느 정도의 시간 간격으로 트레이딩을 하고 있는지, 혹은 트레이딩
을 하고 싶은지에 맞춰서 결정하면 된다. 가령 단기 트레이딩만 하는

사람은 중기선이나 장기선을 열심히 들여다본들 거의 도움이 되지 않는다. 반대로 장기 투자를 하는 사람이 단기선만 열심히 들여다보는 것역시 의미 없는 행동이다. 자신의 트레이딩 스타일에 맞는 기간의 이동평균선을 보는 것이 중요하다는 말이다.

도표2-2 이동 평균선을 집어넣으면 캔들스틱 차트의 움직임을 파악하기가 쉬워진다

이동 평균선이
의미하는 것

앞에서도 말했듯이, 이동 평균선의 첫 번째 역할은 '가격 변동을 매끄럽게 표현하는 것'이다. 그런데 이렇게 과거의 숫자를 평균화해서 만든 '선'에 대체 어떤 의미가 있을까? 20일 이동 평균선을 예로 들어 조금 더 깊게 생각해 보자.

20일 이동 평균선은 당일을 포함한 과거 20일 동안의 평균값을 각각 당일의 위치에 놓고 연결해서 그린 선으로, 당일을 포함한 과거 20일 동안의 평균값의 추이를 볼 수 있다. 이동 평균선을 보는 가장 쉬운 방법은 과거 20일 동안의 평균값과 오늘의 가격을 비교하는 것이다. 여기에는 어떤 의미가 있으며 이를 통해 우리는 무엇을 알 수 있을까?

그 의미는 '과거 어떤 기간의 평균 매수가(또는 평균 매도가)와 현재의 가격을 비교할 수 있다.'는 것이다. 가령 어떤 날의 가격이 20일 이동 평균선보다 위에 있다고 가정하자. 이는 과거 20일 사이에 매수한 트레이더가 이익을 봤음을 말해 준다(반대로 공매도를 한 트레이더는 손해를 봤을 것이다). 한편 가격이 이동 평균선보다 아래에 있다면 그 반대가 된다.

예를 들어 20일 이동 평균선에서 현재의 가격이 1달러＝110엔 50전인데 당일의 종가가 1달러＝111엔이라면 과거 20일 사이에 미국 달러를 샀던 사람은 평균 50전의 이익을 얻었으며 미국 달러를 공매도했던 사람은 평균 50전의 손실을 본 셈이 된다.

또한 이동 평균선을 그림으로써 그 추이도 보이므로, 시간이 경과하면서 그 이익 또는 손실이 확대되었는지 아니면 축소되었는지도 알 수 있다. 매수 포지션을 가진 쪽이 이익을 봤고 유리한 경향이 계속될 것 같다면 추격 매수를 검토할 것이다. 이런 국면이라면 매도 포지션을 가진 쪽이 손절을 위한 매수를 검토함으로써 가격이 더욱 상승할지도 모른다. 혹은 매수 포지션을 가진 쪽이 이익이 어느 정도 커지자 이익을 확정하기 위한 매도를 생각할지도 모른다.

요컨대 평균 매수가(또는 평균 매도가)를 파악하고 그것을 현재의 가격과 비교해서 시장에 참가한 트레이더들의 현재 손익 상황이 어떠한지 분석하면 앞으로 어떤 흐름이 될 가능성이 큰지 추리할 수 있다.

골든크로스·데드크로스란
무엇일까?

앞에서 언급했듯이 현재의 가격이 이동 평균선의 위에 있느냐 아래에 있느냐는 향후의 가격 동향에 큰 의미를 지닌다. 그래서 현재의 가격과 이동 평균선의 위치 관계가 변화하는 지점을 '크로스포인트(교차점)'라고 부른다.

참고로 투자 기본서를 보면 단기 이동 평균선과 장기 이동 평균선이 교차하는 지점을 크로스포인트라고 부르는 경우가 많은데, 그랜빌의 법칙이 탄생했을 때는 현재의 가격과 이동 평균선이 교차하는 지점을 크로스포인트라고 불렀다. 이 책에서는 기본으로 돌아가 현재의 가격과 이동 평균선의 교차에 관해서부터 설명하려 한다.

현재의 가격과 이동 평균선이 교차하는 방식에는 두 가지가 있다. 현재의 가격이 이동 평균선을 아래에서 위로 뚫고 지나가느냐, 위에서 아래로 뚫고 지나가느냐다. 전자를 '골든크로스', 후자를 '데드크로스'

도표2-3 캔들스틱 차트가 이동 평균선의 위에 있느냐 아래에 있느냐는 매우 중요하다

라고 부른다(도표2-3).

골든크로스는 그때까지 평균적으로 마이너스였던 매수 포지션을 가진 쪽의 손익이 플러스로 전환되는 분기점이며, 데드크로스는 그때까지 평균적으로 플러스였던 매수 포지션을 가진 쪽의 손익이 마이너스로 전환되는 분기점이다.

이것은 반대로 생각하면 골든크로스는 그때까지 평균적으로 플러스였던 매도 포지션을 가진 쪽의 손익이 마이너스로 전환되는 분기점이고 데드크로스는 그때까지 평균적으로 마이너스였던 매도 포지션을 가진 쪽의 손익이 플러스로 전환되는 분기점이라는 뜻이기도 하다.

골든크로스와 데드크로스에 대한 투자자의 심리

매수한 뒤에 가격이 내려갔다면 어떤 기분이 들까? 가격이 오르리라고 생각해서 샀던 자신의 예측이 빗나간 것이므로 '왜 내 예측이 빗나갔을까?'라는 생각과 함께 '빨리 손절하는 편이 낫지 않을까?'라는 불안한 심정이 될 것이다.

그렇다면 이후에 가격이 회복되어서 자신이 사들였던 가격을 웃돈다면 어떤 기분이 들까? 당연히 기분이 좋아질 것이다. '역시 내 예측은 틀리지 않았어.'라는 안도감과 함께 가격이 과연 어디까지 상승할지 즐거운 마음으로 지켜볼 것이다.

요컨대 투자자의 기분은 손익이 플러스냐 마이너스냐에 따라 완전히 달라진다. 투자자의 심리가 공격적으로 변하는 분기점이 골든크로스, 수비적으로 변하는 분기점이 데드크로스다. 골든크로스가 발생했을 때와 데드크로스가 발생했을 때 매수 포지션을 가진 쪽이 어떤 심리 상태가 되는지를 정리하면 다음과 같다(매도 포지션을 가진 쪽의 심리는 그 반대가 된다).

골든크로스가 발생했을 때 매수 포지션을 가진 쪽의 심리 변화

골든크로스 전……손익이 마이너스 상태이므로 언제 손절할지 고민한다.

골든크로스 후……손익이 플러스로 전환되었으므로 추격 매수를 검토한다.

데드크로스가 발생했을 때 매수 포지션을 가진 쪽의 심리 변화

데드크로스 전……손익이 플러스 상태이므로 안심하고 포지션을 보유한다.

데드크로스 후……손익이 마이너스로 전환되었기 때문에 당황하며 손절을

　　　　　　　검토한다.

이런 이유에서 일반적으로 골든크로스는 매수 신호, 데드크로스는 매도 신호가 된다.

이동 평균선과 궁합이 잘 맞는 '그랜빌의 법칙'

앞에서 골든크로스는 매수 신호, 데드크로스는 매도 신호라고 간단하게 말했지만, 실제로는 그렇게 쉽게 단정 지을 수 있는 것이 아니다.

'오신호'도 있다. 즉, 매수 신호라고 생각해 샀더니 하락세로 전환한다든가 매도 신호라고 생각해서 팔았더니 상승세로 전환하는 등 '예상대로 되지 않는' 경우도 종종 있다.

그런 까닭에 이동 평균선을 사용해 매수·매도를 판단할 때는 이동 평균선과 실제 가격의 관계를 조금 더 세밀하게 파악할 필요가 있다. 알기 쉬운 방법으로 '그랜빌의 법칙'이 있다.

이것은 앞에서 이동 평균선을 고안한 사람으로 소개했던 조셉 E. 그랜빌이 자신의 저서인 《수익 극대화를 위한 일별 주식 시장 타이밍 전략》에서 '이동 평균선과 주가 사이에 괴리가 나타나는 방식이나 방향성을 봄으로써 주가의 향후 추이를 판단하기' 위한 규칙으로 만든 것이다[참고로 그랜빌은 월스트리트의 신문사인 허튼 데일리 마켓 와이어 (Hutton Daily Market Wire) 통신사의 인기 기자였다].

그랜빌의 법칙에서 규정한 신호는 모두 여덟 개다. 매수 신호가 네 개, 매도 신호가 네 개다(도표2-4).

매수 신호

① 이동 평균선이 어느 정도의 기간 동안 하락한 뒤 횡보하거나 약간 상승 기조로 전환된 시기에 가격이 그 이동 평균선을 아래에서 위로 뚜렷하게 교차했을 때.

② 이동 평균선이 지속적으로 상승하는 시기에 가격이 이동 평균선을 왼쪽에서 오른쪽으로 교차했을 때(요컨대 가격이 이동 평균선을 일시적으로 밑돌았을 때).

③ 가격이 상승 기조의 이동 평균선보다 위에 있고, 그 후 이동 평균선을 향해 접근(하락)하지만 이동 평균선과 교차하지 않고 다시 상승하기 시작했을 때.

④ 가격이 하락 기조의 이동 평균선보다 아래에 있고, 이동 평균선으로부터 크게 괴리되었을 때.

매도 신호

① 이동 평균선이 어느 정도의 기간 동안 상승한 뒤 횡보하거나 약

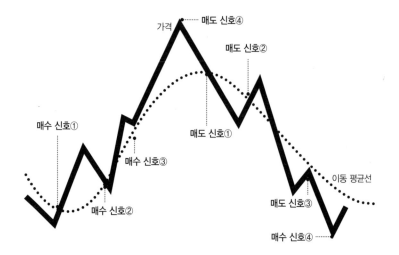

도표2-4 그랜빌의 법칙에서 규정한 '매수 신호'와 '매도 신호'

간 하락 기조로 전환된 시기에 가격이 그 이동 평균선을 위에서
아래로 뚜렷하게 교차했을 때.

② 이동 평균선이 지속적으로 하락하는 시기에 가격이 이동 평균선
을 왼쪽에서 오른쪽으로 교차했을 때(다시 말해 가격이 일시적으로
이동 평균선을 웃돌았을 때).

③ 가격이 하락 기조의 이동 평균선보다 아래에 있고, 그 후 이동 평
균선을 향해 접근(상승)하지만 이동 평균선과 교차하지 않고 다시
하락하기 시작했을 때.

④ 가격이 상승 기조의 이동 평균선보다 위에 있고, 이동 평균선으
로부터 크게 괴리되었을 때.

이 설명만으로는 잘 이해되지 않는 사람도 있을 테니 이어지는 글에
서 자세히 설명토록 하겠다.

기술적 지표의 '오신호'에 관해

기술적 지표를 매매의 신호로 삼을 경우 매수 신호가 나왔음에도 가격이 오르지 않거나 매도 신호가 나왔음에도 가격이 내리지 않는 상태를 '오신호'라고 한다.

기술적 지표에 입각해 가격이 상승할 것으로 예상되어 매수 기회라고, 혹은 가격이 하락할 것으로 예상되니 매도 기회라고 생각해 포지션을 취했는데 예상대로 되지 않으면 "오신호에 속았다."라고 말하는 사람이 많다.

그러나 기술적 지표는 전부 과거의 가격 데이터를 바탕으로 산출해 '과거에 이러이러한 움직임을 보인 경우에는 미래에 이렇게 될 때가 많더라.'라고 통계적으로 기대하는 것에 불과하다. 요컨대 제멋대로 기대해 놓고 "속았다."라고 말하는 것은 온당하지 않다는 생각이 든다.

기술적 지표는 현재의 상태를 아는 데 도움을 주는 것이지 미래를 확실히 예상할 수 있게 해 주는 것이 아니다. 물론 이 책에서 해설하고 있는 이동 평균선도 오신호는 발생하기 마련이다.

기술적 지표에 그런 특성이 있음을 이해한 상태에서 각 기술적 지표의 구성이나 구조 등을 바탕으로 어떤 상황일 때 오신호가 발생하기 쉬운지 확실히 파악해 놓는 것이 중요하다.

그랜빌의 법칙(매수 신호)을
상세히 검증한다

매수 신호①에 관하여

이것이 가장 전형적인 골든크로스다. 첫째, 이동 평균선이 한동안 하락하고 있을 것. 둘째, 그 이동 평균선이 하락을 멈출 것으로 예상되는 조짐이 있을 것. 이 두 가지가 대전제다. 이 조건이 갖춰진 상태에서 이동 평균선보다 아래에 있었던 가격이 아래에서 위로 이동 평균선을 뚜렷하게 교차하는 형태가 되었을 때가 최대의 매수 기회다(도표2-5).

골든크로스에 관해서는 막연히 '단기선이 장기선을 아래에서 위로 뚫고 지나가는 것'이라고 생각하는 사람도 많은 듯하다. 그러나 지금까지 설명했듯이 이동 평균선과 가격의 관계에는 깊은 의미가 있으므로 그 관계를 함께 생각하면서 위의 세 가지 조건을 정확히 이해해 두기 바란다.

도표2-5 매수 신호① 전형적인 매수 신호

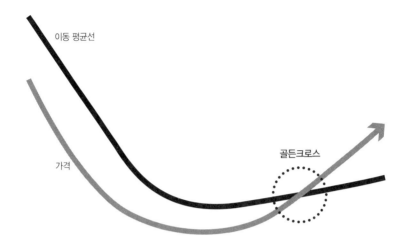

매수 신호②에 관하여

언뜻 데드크로스처럼 보이지만 데드크로스가 아니다. 올바른 데드 크로스가 되려면 이동 평균선이 횡보 상태가 되거나 약간 하락 기조로 전환한다는 전제가 필요하다(뒤에서 설명하는 매도 신호① 참조). 아울러 가격이 위에서 아래로 뚜렷하게 교차해야 한다.

도표2-6은 이동 평균선이 아직 상승하는 가운데 가격이 이동 평균선 의 아래로 가는 형태다. 이것은 상승 추세가 계속되는 상황에서의 눌림 목이므로 매도할 때가 아니라 오히려 매수할 때다.

다만 이런 상황에서는 이동 평균선과 가격이 수없이 교차를 반복하 는 패턴을 보일 때가 종종 있다. 그러다 이윽고 기세를 잃어 하락으로 전환되기도 한다. 즉, 종이 한 장 차이로 눌림목 매수의 기회가 될 수도

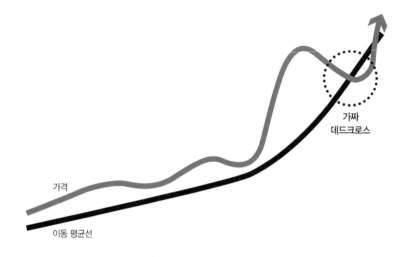

있고 추세의 전환점이 될 수도 있으므로 크게 벌기 위해 공격적으로 나설 상황은 아니다.

매수 신호③에 관하여

가격이 안정적으로 상승하고 있을 때는 가격과 이동 평균선이 평행하게 상승한다. 그리고 이때 가격은 기본적으로 이동 평균선보다 위에 위치한다. 이동 평균선은 과거 수일 동안의 평균값이므로 상승 국면에서는 당연히 현재의 가격보다 낮은 값이 된다(이것을 '이동 평균선의 지효성'이라고 부른다).

가격은 그때그때 오르기도 하고 내리기도 하는데, 이동 평균선은 그보다 늦게 상승하고 늦게 하락한다. 그러므로 가격과 이동 평균선의 위치 관계를 보면 현재 상승 추세인지 하락 추세인지 알 수 있다(하락 추세라면 가격은 이동 평균선보다 아래에 위치한다).

상승 추세에 있을 때 가격이 상승력을 잃으면 가격과 이동 평균선의 간격은 서서히 좁아진다. 반대로 가격 상승력이 더 강해지면 가격과 이동 평균선의 간격은 서서히 벌어진다. 상승 추세일 때는 가격과 이동 평균선의 위치 관계를 유지하는 가운데 가격이 이동 평균선에 접근하기도 하고 멀어지기도 한다는 말이다. 따라서 매수 신호③과 같은 경우는 일단 상승력이 약해졌던 가격이 다시 상승하기 시작했음을 의미하므로 매수 기회라고 말할 수 있다(도표2-7).

도표2-7 매수 신호③ 눌림목 매수의 신호

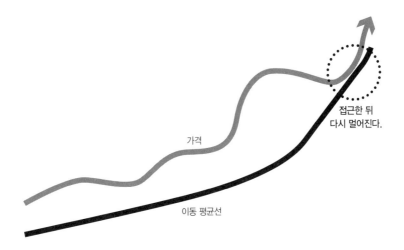

접근한 뒤
다시 멀어진다.

가격

이동 평균선

매수 신호④에 관하여

이것은 '이동 평균 괴리율'이라는 별도의 기술적 지표로 취급되기도 한다[이동 평균 괴리율은 (당일의 종가-이동 평균값)÷이동 평균값×100으로 구한다-옮긴이]. 이동 평균 괴리율이란 가격과 이동 평균선이 얼마나 떨어져 있는지를 수치화(%)해 거래의 기준으로 삼는 기술적 지표다. 이동 평균은 문자 그대로 '평균'인 까닭에 평균으로부터 멀어진(괴리된) 가격은 그 후 이동 평균선을 향해서 돌아오는 성질이 있다. 그 성질을 이용해서 매매의 신호로 삼는 것이다.

만약 가격이 일정 각도로 하락하고 이동 평균선도 그와 병행해서 같은 각도로 하락한다면 가격과 이동 평균선의 괴리는 일정하다.

이때 하락하던 가격이 급락하면 가격은 이동 평균으로부터 괴리되지만, 일반적으로 그런 상태가 언제까지나 계속되지는 않는다. 급락하던 가격은 언젠가 반등하며, 이에 따라 가격은 이동 평균선에 가까워진다(도표2-8).

다만 이동 평균 괴리율은 사용하기가 까다로운 지표다. '어느 정도 벌어지면 다시 가까워지는가?'가 명확하게 정해져 있지 않기 때문이다. 일반적으로는 10퍼센트 이상을 매매 신호로 사용하는 경우가 많은 듯하다. 요컨대 이동 평균선으로부터 아래로 10퍼센트 이상 떨어졌으면 '너무 하락했다=매수 신호'라는 것이다. 그러나 이 숫자는 차트의 시간축이나 그 종목의 가격 변동의 성질, 그때의 시장 상황에 따라 달라진다.

시스템적으로 트레이딩을 할 경우는 과거의 데이터로부터 통계적으

도표2-8 매수 신호④ 급락 후의 매수 신호

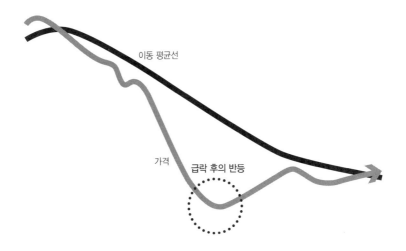

이동 평균선

가격

급락 후의 반등

로 최적의 값을 구해 기계적으로 적용하지만, 그럼에도 오차는 생기기 마련이다. 사용하기 까다로운 규칙은 어디까지나 참고 정도로만 삼을 것을 권한다.

그랜빌의 법칙(매도 신호)을
상세히 검증한다

매도 신호①에 관하여

이것은 앞에서 검증한 매수 신호①의 골든크로스와 반대로, 가장 전형적인 데드크로스다. 첫째, 이동 평균선이 한동안 상승하고 있을 것. 둘째, 그 이동 평균선이 상승을 멈출 것으로 예상되는 조짐이 있을 것. 이 두 가지가 대전제이며, 이 조건이 갖춰진 상태에서 이동 평균선보다 위에 있던 가격이 위에서 아래로 이동 평균선을 뚜렷하게 교차하는 형태가 되었을 때가 최대의 매도 기회가 된다(도표2-9).

매수 신호①의 골든크로스와 매도 신호①의 데드크로스가 그랜빌의 법칙의 중심이므로 이것만큼은 정확히 기억해 두기 바란다.

도표2-9 매도 신호① 전형적인 매도 신호

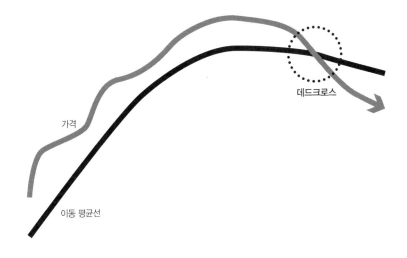

가격

이동 평균선

데드크로스

매도 신호②에 관하여

이것은 앞에서 검증한 매수 신호②의 반대다. 언뜻 골든크로스처럼 보이지만 골든크로스가 아니다. 올바른 골든크로스가 되려면 이동 평균선이 횡보 상태가 되거나 약간 상승 기조로 전환한다는 전제가 필요하다(앞에서 설명한 매수 신호① 참조). 아울러 가격이 아래에서 위로 뚜렷하게 교차해야 한다.

이 경우는 이동 평균선이 아직 하락하는 가운데 가격이 이동 평균선의 위로 가는 형태다. 이것은 하락 추세가 아직 계속되는 상황에서의 일시적 반등이므로 매수할 때가 아니라 오히려 매도할 때다(도표2-10).

도표2-10 매도 신호② 가짜 골든크로스(매도 신호)

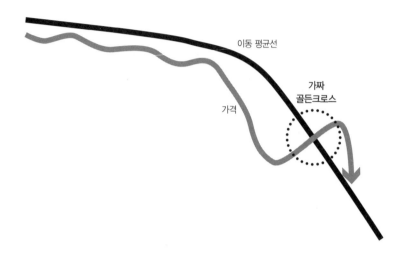

다만 매수 신호②에서 말했듯이 이런 상황에서는 이동 평균선과 가격이 수없이 교차를 반복하는 패턴을 보일 때가 종종 있다. 그리고 이윽고 상승으로 전환되기도 한다. 즉, 종이 한 장 차이로 고점 인식 매도의 기회가 될 수도 있고 추세의 전환점이 될 수도 있다. 공격적으로 나설 상황은 아니라는 말이다.

매도 신호③에 관하여

이것은 앞에서 검증한 매수 신호③의 반대다. 하락 추세에 있을 때 가격이 하락하는 힘을 잃으면 가격과 이동 평균선의 간격은 서서히 좁아지며, 반대로 가격이 하락하는 힘이 강해지면 가격과 이동 평균선의

도표2-11 매도 신호③ 고점 인식 매도의 신호

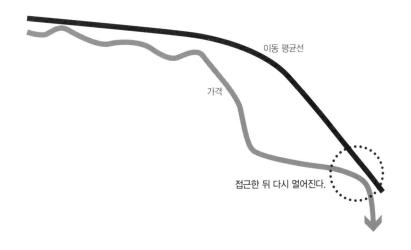

이동 평균선

가격

접근한 뒤 다시 멀어진다.

간격은 서서히 벌어진다. 하락 추세일 때는 가격과 이동 평균선의 위치 관계를 유지하는 가운데 가격이 이동 평균선에 근접하기도 하고 멀어지기도 한다는 말이다. 따라서 이 경우는 일단 둔화하던 가격 하락세가 다시 강해지기 시작했음을 의미하므로 매도 기회라고 말할 수 있다(도표2-11).

매도 신호④에 관하여

이것은 앞에서 검증한 매수 신호④의 반대다. 상승하던 가격이 급등하면 가격은 이동 평균으로부터 괴리되지만, 일반적으로 그런 상태가 언제까지나 계속되지는 않는다. 급등하던 가격은 언젠가 반락하며, 이

도표2-12 매도 신호④ 급등 후의 매도 신호

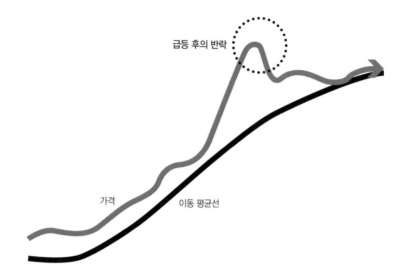

급등 후의 반락

가격

이동 평균선

에 따라 가격은 이동 평균선에 가까워진다. 이때는 매수 신호④와 마찬가지로 가격이 이동 평균선으로부터 일정 거리 이상 괴리된 뒤 이동 평균선을 향해서 돌아오는 성질을 이용해 매매의 신호로 삼는다.

급격한 상승에 대한 일시적인 반락이므로 보통은 큰 거래 차익을 얻을 수 있는 상황이 아니다. 다만 추세의 최종 국면에서 커다란 괴리가 나타났을 때는 그 지점이 천장이 되어서 그 후 하락 추세에 접어드는 패턴도 있다(도표2-12).

복수의 이동 평균선(단기선과 중기선)을 사용하는 것에는 어떤 의미가 있을까?

지금까지 그랜빌의 법칙의 기본으로 돌아가기 위해 현재의 가격과 이동 평균선이 교차하는 상황에 관해 설명했다. 지금부터는 두 이동 평균선의 교차에 관해 살펴보겠다.

먼저, 왜 가격과 이동 평균선이 아니라 두 개의 이동 평균선을 사용할까? 그 이유는 '오신호'를 줄이기 위해서다. 앞에서도 언급했듯이, 이동 평균선의 역할 중 하나는 가격의 움직임을 매끄럽게 표현하는 것이다. 가격과 이동 평균선(20일선)의 경우 매일의 가격 변동에 따라 교차가 빈번하게 발생하지만(도표2-13), 이것을 5일 이동 평균선과 20일 이동 평균선의 교차로 치환하면 빈번하게 발생하는 교차(오신호)를 줄일 수 있다(도표2-14). 이것이 두 개의 이동 평균선을 사용하는 목적이다.

최근에는 골든크로스나 데드크로스를 이야기할 때 가격과 이동 평균선을 사용하기보다 단기선(예를 들면 5일선)과 중기선(예를 들면 20일

도표2-13 캔들스틱 차트는 빈번하게 20일 이동 평균선과 접촉한다

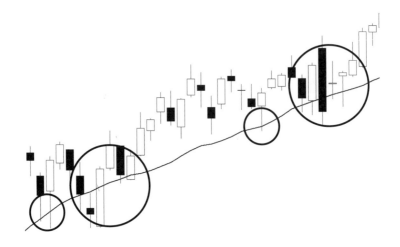

도표2-14 캔들스틱 차트 대신 5일 이동 평균선을 사용하면……

선)을 사용하는 것이 오히려 더 일반적이다. 이것은 오신호를 줄인다는 효능이 널리 인식된 결과라고도 말할 수 있다.

가격 자체가 아니라 5일선을 대신 사용할 경우에도 골든크로스와 데드크로스의 개념이나 정의는 변하지 않는다. 지금까지 해설한 그랜빌의 8법칙을 그대로 적용할 수 있다.

5일선과 20일선을 볼 때, 기준이 되는 것은 20일선이다. 즉 최근 20일 사이에 매수 포지션을 취한 사람(혹은 매도 포지션을 취한 사람)이 현재(과거 5일의 평균적 상황) 어떻게 되었는지를 살펴본다고 생각하면 된다. 그 사람들의 손익이 평균적으로 플러스인가 마이너스인가? 플러스와 마이너스를 오가고 있는가? 혹은 마이너스라면 그 마이너스가 증가하고 있는가 감소하고 있는가? 이런 현시점에서의 시장 상황을 확인하기 위한 지표다.

그리고 골든크로스란 매수 포지션을 가진 사람들의 평균적인 수익이 그전까지 마이너스였다가 플러스로 전환되는 포인트이면서 매도 포지션을 가진 사람들의 평균적인 수익이 그전까지 플러스였다가 마이너스로 전환되는 포인트이므로(데드크로스는 그 반대), 그 포인트에서 매도 세력과 매수 세력의 힘의 관계가 크게 변화한다.

복수의 이동 평균선(중기선과 장기선)을 사용하는 것에는 어떤 의미가 있을까?

앞에서는 가격의 대용으로 단기선(예를 들면 5일선)을 중기선(예를 들면 20일선)과 조합해서 사용하는 경우에 관해 설명했는데, 복수의 이동 평균선을 사용하더라도 중기선(예를 들면 20일선)과 장기선(예를 들면 40일선)을 조합해서 사용할 경우는 그 의미가 완전히 달라진다. 이것은 '이동 평균선 대순환 분석'의 기반이 되기에 확실히 짚고 넘어가도록 하겠다.

도표2-15와 도표2-16은 어떤 날의 가격과 중기선(20일선)의 상황을 나타낸 것이다. 여러분은 이 상황이 어떤 추세인지 알겠는가? 캔들스틱 차트와 이동 평균선을 사용해서 이 상황을 살펴보면 도표2-17과 도표2-18이 되므로, 지금까지의 설명에 입각해 도표2-15는 상승 추세이고 도표2-16은 하락 추세임을 알 수 있을 것이다.

도표2-15 가격이 이동 평균선보다
위에 있다는 말은?

● 가격

● 이동 평균선

도표2-16 가격이 이동 평균선보다
아래에 있다는 말은?

● 이동 평균선

● 가격

도표2-17 '도표2-15'의 상황을 차트로
그려 보면……

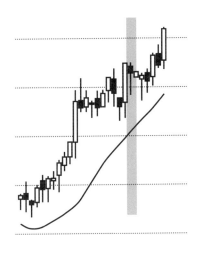

도표2-18 '도표2-16'의 상황을 차트로
그려 보면……

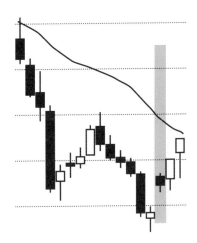

제2장. 이동 평균선을 더 깊게 이해하자

도표2-19 가격을 사이에 둔 중기선·
장기선의 위치 관계(1)

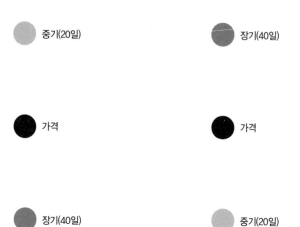

● 중기(20일)

● 가격

● 장기(40일)

도표2-20 가격을 사이에 둔 중기선·
장기선의 위치 관계(2)

● 장기(40일)

● 가격

● 중기(20일)

도표2-21 중기선이 장기선보다 위에
있다는 말은……

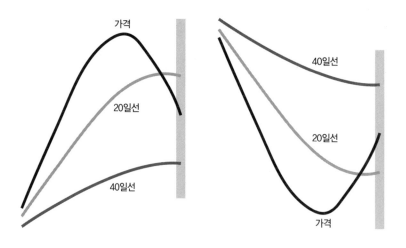

가격

20일선

40일선

도표2-22 장기선이 중기선보다 위에
있다는 말은……

40일선

20일선

가격

한편 도표2-19와 도표2-20은 이동 평균선을 두 개 사용해 어떤 날의 가격과 중기선(20일선)과 장기선(40일선)의 관계를 살펴본 것이다. 앞에서와 마찬가지로 이 두 그림을 보고 최근 40일 동안 가격의 움직임이나 추세가 어떠했는지 알 수 있겠는가? 답은 도표2-21, 도표2-22와 같다.

먼저, 도표2-21에서 장기선과 가격의 위치 관계를 보면 장기선(과거 40일의 평균)이 아래에 있고 가격이 위에 있다. 이 말은 40일 동안의 큰 흐름이라는 관점에서는 상승 추세라는 뜻이다. 그런데 중기선(과거 20일의 평균)은 가격의 위에 있으므로 최근 20일 동안은 하락 추세임을 알 수 있다. 다시 말해 큰 흐름으로서 상승 추세였던 것이 최근 하락으로 전환되어 현재에 이르렀다는 말이다.

다음으로, 도표2-22에서 장기선과 가격의 위치 관계를 보면 장기선(과거 40일의 평균)이 위에 있고 가격이 아래에 있다. 이 말은 40일 동안의 큰 흐름이라는 관점에서는 하락 추세라는 뜻이다. 그런데 중기선(과거 20일의 평균)은 가격의 아래에 있으므로 최근 20일 동안은 상승 추세임을 알 수 있다. 요컨대 큰 흐름으로서 하락 추세였던 것이 최근 상승으로 전환되어 현재에 이르렀다는 말이다.

당연한 말처럼 느껴지겠지만, 이처럼 어떤 날의 이동 평균선의 위치 관계를 보는 것만으로도 그날에 이르기까지 과거의 흐름과 그날의 상황을 알 수 있다. 그리고 이 사실은 이동 평균선 대순환 분석에서 매우 중요한 포인트다.

다음 장부터 이동 평균선을 사용한 궁극의 분석 방법을 설명하겠다.

移動平均線　究極の読み方・使い方

제3장

이동 평균선 대순환 분석의 구조와 사용법

에지를 일목요연하게 보여주는 이동 평균선 대순환 분석

제1장에서도 언급했지만, 트레이딩을 통해 수익을 내기 위해서는 미래를 예측하는 것이 아니라 '현재의 가격 상황이 어떠한가?'를 파악하고 에지가 있는 방향으로 포지션을 갖는 것이 가장 중요하다.

에지로 생각할 수 있는 국면에는 여러 가지가 있는데, 내가 가장 주목하는 것은 이동 평균선 대순환 분석이다. 이것은 세 개의 이동 평균선을 사용함으로써 가격의 움직임이 어떤 국면에 있는지 명확히 정의하고 상승과 하락의 힘 관계를 분석하는 수법이다. 참고로 이동 평균선세 개를 사용해서 가격을 분석하는 수법은 옛날부터 많은 사람이 연구해 왔다. 다시 말해 내가 독자적으로 개발한 수법이 절대 아니다. 다만 내가 이 발상을 더 많은 트레이더가 이해하기 쉽도록 정리했다는 이야기는 하고 싶다.

이동 평균선 대순환 분석이 뛰어난 점은 한마디로 말해 '에지를 알기 쉽다.'라는 데에 있다. 에지를 판별하는 방법도 간단하다. 또한 일봉·주봉을 사용한 장기 트레이딩이나 분봉·시봉을 사용한 단기 트레이딩에 똑같이 사용할 수 있다는 것도 이 수법의 장점이다.

매수에 에지가 있는 장소는 '이동 평균선이 위에서부터 단기선·중기선·장기선의 순서로 나열되어 있고, 세 선 모두 우상향'인 곳이다. 반대로 매도에 에지가 있는 장소는 '이동 평균선이 아래에서부터 단기선·중기선·장기선의 순서로 나열되어 있고, 세 선 모두 우하향'인 곳이다. 물론 매수에 에지가 있을 경우는 매수 포지션을, 매도에 에지가 있을 경우는 매도 포지션을 취한다.

이것을 실제 차트 위에 표시해 보면 에지가 잘 보일 것이다(도표3-1).

도표3-1 이동 평균선이 '단, 중, 장' 혹은 '장, 중, 단'의 순서로 나열되어 있을 때 매매 에지가 있다

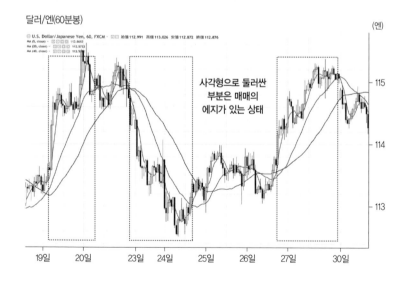

달러/엔(60분봉)

사각형으로 둘러싼 부분은 매매의 에지가 있는 상태

게다가 이동 평균선이 나열되는 패턴은 무한하지 않다. 뒤에서 설명하겠지만 이 두 가지 이외에 네 가지, 합쳐서 여섯 가지(스테이지)뿐이다. 그래서 분석이 매우 단순하다(이것은 내 경험상 그렇더라는 식의 비과학적인 주장이 아니다. 선 세 개의 '순열'을 계산하면 간단히 구할 수 있다).

이 역시 뒤에서 설명하겠지만, 그 여섯 스테이지에는 각각 논리적인 근거에 입각한 의미(가격 상황)가 있다. 이를테면 '상승 추세가 기세를 조금 잃기 시작한 스테이지'라든가 '하락 추세로 전환될 것이 명백해진 스테이지' 등이다.

아울러 그런 가격 상황이 한동안 계속될지 아니면 다음 단계로 넘어갈지, 넘어간다면 어떤 스테이지로 넘어갈지도 알 수 있다.

이상과 같은 특징이 있는 이동 평균선 대순환 분석을 활용하면 '내가 다음에 해야 할 행동'이 보인다. 초보 투자자는 가격의 움직임이 복잡해 파악하기 어려운 시기에 어떻게 이익을 낼지 고민하지 말고 '알기 쉬우면서 이익을 내기 쉬운 곳'에서 확실히 이익을 내면 된다.

이동 평균선 대순환 분석의 구조
―여섯 개의 스테이지가 있다

세 개의 이동 평균선이 나열되는 패턴은 물리적으로 봤을 때 여섯 가지밖에 없다. 단기선, 중기선, 장기선이 나열되는 순서는 다음과 같다.

제1스테이지……단기, 중기, 장기

제2스테이지……중기, 단기, 장기

제3스테이지……중기, 장기, 단기

제4스테이지……장기, 중기, 단기

제5스테이지……장기, 단기, 중기

제6스테이지……단기, 장기, 중기

그리고 가격은 제1스테이지부터 제6스테이지까지를 순서대로 거친다는 것이 이동 평균선 대순환 분석의 기본적인 발상이다(도표3-2). 각

도표3-2 스테이지는 언제나 '크로스(교차)'의 발생을 계기로 이행한다

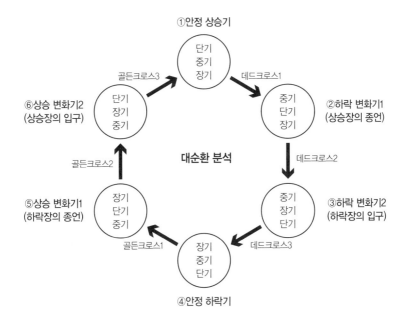

각의 스테이지에는 현재의 가격 상황을 나타내는 메시지가 숨어 있다. 그 메시지는 다음과 같다.

제1스테이지……안정 상승

제2스테이지……상승 추세의 끝

제3스테이지……하락 추세의 시작

제4스테이지……안정 하락

제5스테이지……하락 추세의 끝

제6스테이지……상승 추세의 시작

도표3-3 역행은 언젠가 반드시 순행으로 돌아간다(굵은 화살표 부분만이 역행)

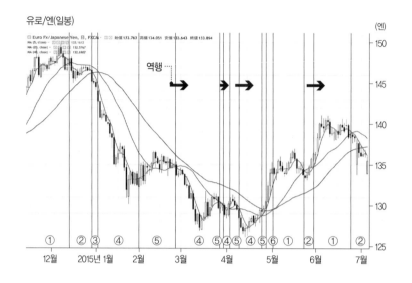

유로/엔(일봉)

시간순으로 보면 일반적으로는 제1스테이지부터 시작해 순서대로 흘러간 끝에 제6스테이지로 가게 된다. 이것을 '순행'이라고 한다.

다만 '일반적으로는'이라고 전제한 것에서 알 수 있듯이 예외도 존재한다. 예를 들면 제1스테이지에서 제6스테이지를 향해 움직이는 경우도 있다. 이것을 '역행'이라고 한다. 그러나 역행은 그렇게 자주 일어나는 현상이 아니다. 대략적인 수치이기는 하지만, 전체의 70퍼센트는 순행이고 나머지 30퍼센트가 역행이다(도표3-3).

스테이지가 역행하는 것은 눌림목이나 일시적 반등 혹은 박스 국면에 있을 때다. 또한 역행은 그리 오래 계속되지 않는다. 제6스테이지에서 제5스테이지, 제4스테이지로 스테이지를 1단계 혹은 2단계 역행한 뒤 다시 순행으로 돌아간다. 그러므로 역행이 일어났을 때는 '언젠가 순행으로 돌아간다.'는 점을 염두에 두고 포지션을 취하도록 하자.

　다음으로 중요한 포인트는 순행일 때든 역행일 때든 스테이지를 건너뛰어서 이행하는 일은 없다는 것이다. 가령 순행일 때라면 제1스테이지의 다음은 제2스테이지가 되며, 역행일 때라면 제6스테이지의 다음은 제5스테이지가 된다. 이것은 이동 평균선의 구조를 생각하면 쉽게 이해할 수 있는데, 틈새를 띄우면서 움직이는 경우는 없으므로 스테이지가 갑자기 점프하는 일은 일어나지 않는다. 이 말은 '현재 어떤 스테이지에 있는가?'와 '순행인가, 역행인가?'만 알면 다음 스테이지가 명확히 보임을 의미한다.

　또한 각 스테이지에는 다음과 같은 특징이 있다.

- 제1스테이지, 제4스테이지는 기본적으로 오래 계속된다.
- 제2스테이지~제3스테이지, 제5스테이지~제6스테이지는 이행기(변화기)이기 때문에 기본적으로 눈 깜빡할 사이에 지나간다.
- 제1스테이지나 제4스테이지가 짧고 제2스테이지, 제3스테이지, 제5스테이지, 제6스테이지가 길 때는 박스권 상태일 가능성이 높다.

　이상의 특성에 관해서는 굳이 열심히 암기하지 않아도 한동안 이동 평균선 대순환 분석을 사용하다 보면 자연스럽게 이해되면서 머릿속에 기억될 것이다. 이를 위해서는 차트를 볼 때 항상 '현재 어떤 스테이지에 있는가?', '어떤 추이로 지금에 이르렀으며 다음에는 어떤 스테이지로 이행할 가능성이 높은가?'를 머릿속에 떠올리기를 바란다. 이것을 반복하면 각 스테이지의 특성을 실감하며 이해할 수 있을 것이다.

이동 평균선 대순환 분석과 골든크로스, 데드크로스

제2장에서 이동 평균선의 골든크로스와 데드크로스에 관해 설명했다. 이동 평균선 대순환 분석에서는 이동 평균선 세 개의 나열 패턴에 따라 여섯 개의 스테이지로 분류한 뒤, 지금이 매수할 때인지 매도할 때인지 아니면 관망할 때인지를 판단하는데, 그 스테이지의 순환은 세 개의 골든크로스와 세 개의 데드크로스를 통해서 발생한다(도표3-2 참조).

그러면 지금부터 스테이지의 순서에 맞춰서 설명하겠다.

먼저 제1스테이지에서 제2스테이지로 이행할 때는 위에서부터 '단기선, 중기선, 장기선'의 순서였던 이동 평균선의 배열이 '중기선, 단기선, 장기선'으로 바뀌어 간다. 따라서 단기선이 중기선을 위에서 아래로 뚫고 지나가는 데드크로스가 출현한다. 이때 단기선이 5일, 중기선이 20일, 장기선이 40일이라면 단기선과 중기선의 데드크로스가 일어났다는 것은 기본적으로 '매수 포지션을 가진 쪽의 과거 1개월간 수익이 플러스에서 마이너스로 전환되었다.'는 의미가 된다.

다음으로, 제2스테이지에서 제3스테이지로 이행할 때는 단기선이 더욱 하락해 장기선을 위에서 아래로 뚫고 지나간다. 즉, 단기선과 장기선의 데드크로스가 발생한 결과 이동 평균선의 배열이 위에서부터 '중기선, 장기선, 단기선'이 되는 것이다. 이것은 '매수 포지션을 가진 쪽의 과거 2개월간 수익이 플러스에서 마이너스로 전환되었다.'는 의미다.

제3스테이지에서 제4스테이지로 이행할 때는 중기선이 내려가서 장기선을 위에서 아래로 뚫고 지나간다. 요컨대 중기선과 장기선의 데드크로스가 발생하며, 그 결과 이동 평균선의 배열이 위에서부터 '장기선, 중기선, 단기선'이 된다.

제4스테이지에서 제5스테이지로 이행할 때는 단기선이 바닥을 친 뒤 상승세로 전환해 중기선을 아래에서 위로 뚫고 지나가는 골든크로스가 발생한다. 그 결과 이동 평균선의 배열이 위에서부터 '장기선, 단기선, 중기선'이 된다.

제5스테이지에서 제6스테이지로 이행할 때는 단기선이 장기선을 아래에서 위로 뚫고 지나가는 골든크로스가 발생한다. 이에 따라 이동 평균선의 배열은 위에서부터 '단기선, 장기선, 중기선'이 된다.

그리고 제6스테이지에서 제1스테이지로 이행할 때는 중기선이 장기선을 아래에서 위로 뚫고 지나가는 골든크로스가 발생한다. 그리고 이동 평균선의 배열은 위에서부터 '단기선, 중기선, 장기선'이 된다.

이처럼 이동 평균선 대순환 분석의 여섯 스테이지는 세 개의 골든크로스와 세 개의 데드크로스를 통해서 발생하는데, 중요한 것은 그 배경에 있는 시장 참가자의 '수익 변화'다. 단순히 차트 형태를 기억하기보다 현재 시장의 힘의 관계가 그렇게 변화하고 있기에 대응이 필요하다는 점을 이해하는 것이 중요하다.

이동 평균선 대순환 분석의
가장 기본적인 사용법

이동 평균선 대순환 분석에서는 가격 변동을 세 가지 패턴으로 나눈다. '안정 상승의 시기'와 '안정 하락의 시기', '그 밖의 시기(이행기)'다(도표3-4). 매우 단순한 분류이지만, 단순하기에 초보 투자자도 활용할 수 있다.

먼저, '안정 상승의 시기'에 해당하는 것은 세 개의 이동 평균선의 배열이 위에서부터 단기선·중기선·장기선의 순서이며 세 선 모두 우상향하는 국면이다.

반대로 '안정 하락의 시기'에 해당하는 것은 세 개의 이동 평균선의 배열이 아래에서부터 단기선·중기선·장기선의 순서이며 세 선 모두 우하향하는 국면이다.

그리고 '안정 상승의 시기'에도 '안정 하락의 시기'에도 해당하지 않는 국면은 '그 밖의 시기'가 된다.

도표3-4 기본적으로 제1스테이지와 제4스테이지는 기간이 길고, 그 밖의 스테이지는 기간이 짧다

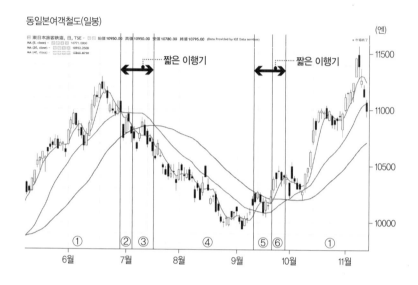

동일본여객철도(일봉)

기본적으로 트레이더는 '안정 상승의 시기'와 '안정 하락의 시기'에만 포지션을 취하는 것으로 충분하다. 안정 상승의 시기에는 매수 포지션으로, 안정 하락의 시기에는 매도 포지션으로 임한다. '그 밖의 시기'는 쉽게 말하면 방향성이 명확하지 않은 시기로, 이때는 이른바 '오신호'를 만날 가능성도 높기에 트레이딩을 피하는 것 또한 하나의 선택지다. 이런 식으로 활용하면 대변동 장세에 확실히 이익을 낼 수 있다.

개인 투자자들을 보면 손절은 좀처럼 결단을 내리지 못하면서 어째서인지 이익 확정은 서두르는 경향이 있다. 그래서 결과적으로 대상승장이었음에도 가격이 아주 조금 올랐을 때 이익을 확정해 버리는 경우가 많다. 이런 식이면 손실은 커지는 반면에 이익은 줄어들기 때문에 종합적으로 봤을 때 거의 이익을 내지 못하는 상황에 빠진다. 그러나 이동 평균선 대순환 분석에서는 가격이 계속 오르는 한 청산 신호가 뜨지 않으므로 상승 추세가 계속될 때는 포지션을 유지할 수 있다.

반대로 단점은 박스 장세가 계속되는 국면에서 수익을 올릴 기회가 좀처럼 오지 않는다는 것이다. 또한 추세가 발생했더라도 그것이 소규모 추세라면 매매하자마자 금방 추세가 전환되어 이익을 얻지 못하거나 손절해야 하는 상황이 되기도 한다.

그래서 이런 단점에 대응하기 위한 응용편으로 선발대와 조기 주문(다음 꼭지 참조)이 있다. 기본에서 한발 더 나아가 응용을 공부하면 스테이지 변화의 법칙을 이해하고 한 박자 빠르게 매매하거나 청산 시기를 궁리할 수 있고, 그 결과 매매 기회를 넓히고 오신호와 만나는 일을 줄일 수 있다.

지금까지 여러 번 이야기했듯이, 기술적 분석은 미래의 가격을 예측하기 위한 것이라기보다 현재의 시황을 파악하기 위한 것이다. 그리고 현재의 시황을 파악한다는 것은 사는 쪽과 파는 쪽의 힘 관계가 앞으로 어떻게 변화할지, 어느 쪽이 우위인지를 간파하는 것이다. 이 점을 항상 의식한다면 표면적인 차트의 형태에 얽매이지 않고 이동 평균선 대순환 분석을 통해 시장 상황을 읽어낼 수 있다.

단기 추세에도 수익을 내기 위한 조기 주문과 선발대

이동 평균선 대순환 분석이 골든크로스와 데드크로스의 조합으로 구성되어 있다는 것은 이동 평균선에 따라붙기 마련인 '오신호'로부터 벗어날 수 없다는 의미이기도 하다.

오신호를 최대한 피하는 방법은 이를테면 현재 제1스테이지의 단계에 있고 단기선과 중기선, 장기선이라는 세 이동 평균선이 전부 우상향 중임을 확인한 뒤에 행동하는 식으로 더욱 신중하게 매매하는 것이다. 하지만 여기에는 한 가지 단점이 있다. 신중하게 행동하면 매매 타이밍이 늦어져서 그 사이에 볼 수 있는 이익을 놓칠 우려가 있다는 것이다. 또한 신중하게 매매한다는 말은 거대한 추세일 때는 이익을 낼 수 있어도 작은 추세일 때는 이익을 내기 어렵다는 의미이기도 하다.

물론 초보자는 그 정도로도 충분하다고 생각하지만, 트레이딩 경험이 점점 쌓이면 설령 소규모라 해도 추세는 추세이므로 이때 이익을 내지 못하면 왠지 손해를 본 기분이 들기도 한다.

그런 까닭에 오신호를 만나지 않으면서 조금이라도 이른 타이밍에 매매할 방법을 찾아낼 필요가 있는데, 이를 위해 익혔으면 하는 것이 여기에서 설명하는 조기 주문과 선발대이다.

조기 주문은 제1스테이지 혹은 제4스테이지의 단계에서 포지션을 취할 때와 같은 양의 포지션을 조금 이른 타이밍에 취하는 것을 의미한다. 가령 제1스테이지에서 달러/엔의 매수 포지션을 5랏(lot) 살 예정이라면 그보다 이른 단계에 달러/엔의 매수 포지션을 5랏 사는 것이다. 이렇게 하면 이동 평균선 대순환 분석에서 이익을 낼 기회를 놓치기 쉬운 소규모 추세에서도 이익을 낼 수 있다.

선발대는 거래할 예정인 양의 3분의 1에서 5분의 1 정도만 먼저 매매하는 것을 의미한다. 가령 달러/엔의 매수 포지션을 5랏 가질 예정이라면 일단 1~2랏 정도의 포지션량을 매수한다. 그리고 포지션을 조금만 가진 상태에서 이후의 추이를 지켜보다 예상대로 움직일 것 같으면 본대라고 해서 3~4랏을 추가로 매수한다.

다음 섹션부터는 기본적인 매매·청산법과 함께 각 스테이지별로 상황을 판단하는 방법, 조기 주문과 선발대를 포함한 전술에 관해 설명토록 하겠다.

제1스테이지에서의
대응법

이동 평균선 대순환 분석에서는 단기선, 중기선, 장기선이라는 세 이동 평균선의 '배열순서', '간격', '기울기'에 주목하고 이 세 가지 요소를 바탕으로 분석을 실시한다(도표3-5). 이렇게 세 가지 요소를 바탕으로 분석하는 것을 '3차원 분석'이라고 한다.

구체적으로는 '배열순서'를 통해 현재의 상황을 파악하고, '간격'을 통해 다음 스테이지로 이행할지를 읽어내며, 마지막으로 선의 '기울기'를 통해 스테이지 이행의 오신호를 판별한다.

지금부터 각 스테이지별로 3차원 분석에 입각한 판단 방법과 전술을 실제 차트와 함께 설명하겠다.

시작은 제1스테이지다. 가격이 계속 상승할 경우, 먼저 움직임이 빠른 단기선이 상승하고 어느 정도 시간이 지난 뒤 중기선이 단기선의 뒤를 이어서 상승하며 마지막으로 가장 움직임이 둔한 장기선이 상승하

도표3-5 '세 개의 단서'를 통해 가격의 추세를 판단할 수 있다

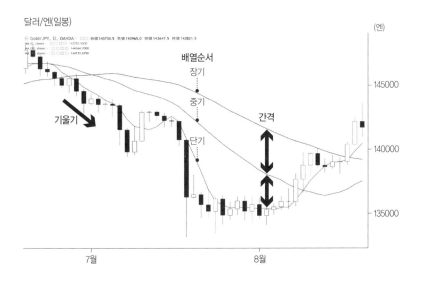

달러/엔(일봉)

기 시작한다. 그 결과 이동 평균선의 배열은 위에서부터 단기선, 중기
선, 장기선의 순서가 된다.

이 스테이지에서 세 이동 평균선이 전부 우상향이라면 매수에 에지
가 있는 상태다. 도표3-6을 봐도 상승 추세가 매우 명확히 보인다.

그러므로 제1스테이지이고 세 이동 평균선이 전부 우상향인 것을
확인했다면 매수를 시작한다(세 이동 평균선이 전부 우상향이 아니라면 제1
스테이지라 해도 짧은 기간에 끝나고 박스 장세에 돌입할 가능성이 있으므로 주
의가 필요하다). 특히 세 이동 평균선의 간격이 계속 벌어지는 상태라면
더욱 공격적으로 매수해도 될 것이다.

참고로, 제1스테이지가 어느 정도 계속된 뒤의 전개는 제2스테이지

도표3-6 이동 평균선이 위에서부터 단기·중기·장기의 순서이고 각도는 우상향인 상태

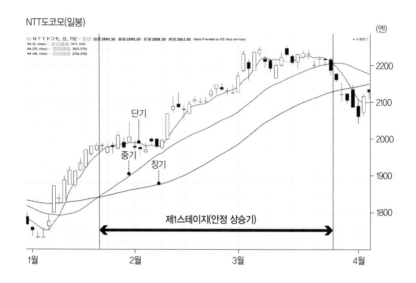

NTT도코모(일봉)

로 이행하는 것뿐이다(초기 단계가 지나갔다면 제6스테이지로 돌아가는 일은
일어나지 않는다).

제2스테이지에서의
대응법

가격이 하락 추세로 전환될 때는 움직임이 빠른 단기선이 제일 먼저 하락으로 전환되어 중기선을 위에서 아래로 교차하며, 그 결과 이동 평균선이 위에서부터 중기·단기·장기의 순서가 된다(도표3-7). 다만 앞에서도 언급했듯이 일시적으로 눌림목이 형성되는 경우도 있다(이 경우는 제1스테이지로 돌아간다).

따라서 제2스테이지는 제1스테이지에서 신규로 취했던 매수 포지션을 청산할 타이밍이지만, 이동 평균선이 교차하더라도 중기선과 장기선이 안정 상승을 지속하고 있다면 포지션을 유지한다. 즉, 중기선과 장기선이 형성하는 띠가 우상향이고 넓은 간격을 유지하고 있는 한은 단기선이 조금 하락했더라도 추세가 강하다고 판단한다.

한편, 원칙적으로는 하락 추세에 접어드는 첫 조짐이므로 매도의 선발대를 검토하며 대비한다. 선발대란 새로 포지션을 가질 때 먼저 본래

도표3-7 단기선이 중기선보다 아래에 있지만 장기선보다는 위에 있는 상태

닛케이225(일봉)

(엔)

생각했던 양의 일부만 취하는 것이다.

또한 제1스테이지의 상승이 단기간에 끝나 버렸을 경우는 박스 장세에 접어들 가능성이 있다. 이것을 파악하기 전까지는 매도 포지션을 취하지 않는다. 단기선이 계속 하락하고 있을 것, 중기선의 상승이 끝나고 거의 평행해졌을 때가 매도 포지션을 취하기 위한 조건이다.

제2스테이지에서는 단기선의 위에 중기선, 아래에 장기선이 위치하는데, 다음에 단기선이 어느 선과 교차하느냐가 포인트가 된다. 보통(순행)은 단기선이 장기선과 교차해 제3스테이지로 이행하지만, 단기선이 위를 향해서 중기선과 교차하면 제1스테이지로 돌아가게 된다(상승장의 눌림목이었을 때 자주 볼 수 있는 전개다).

이것을 예측하기 위한 힌트는 장기선의 기울기다. 장기선의 상승에 변화가 보이지 않을 경우는 장기선과 교차하지 않거나 교차하더라도 곧 오신호가 될 가능성이 크다고 말할 수 있다.

08

제3스테이지에서의
대응법

제2스테이지의 상태에서 하락 경향이 더욱 계속되면 단기선은 장기
선까지도 뚫고 내려가며, 그 결과 이동 평균선이 위에서부터 중기·장
기·단기의 순서가 된다(도표3-8). 그야말로 하락장의 시작이다.

여기에서는 제1스테이지에서 신규로 취했던 매수 포지션이 있을 경
우 전부 청산한다. 또한 매도 포지션의 조기 주문을 검토한다. 조기 주
문은 선발대와 달리 본격적으로 매매할 경우와 같은 양의 포지션을 한
박자 빠르게 취하는 것이다. 그런 까닭에 오신호를 만날 위험성도 있지
만, 성공하면 주문이 빨랐던 만큼 이익으로 이어진다.

다만, 실제로 조기 주문을 실행하기 위해서는 먼저 다음의 조건을
충족했는지 확인한다.

• 제1스테이지의 기간이 어느 정도 길었을 것.

도표3-8 단기선이 장기선보다 아래에 있지만 중기선은 장기선보다 위에 있는 상태

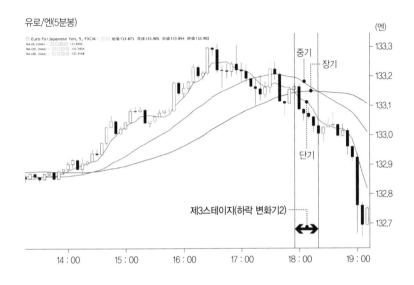

유로/엔(5분봉)

- 제1스테이지, 제2스테이지, 제3스테이지의 순서로 이행해 왔을 것(순행).
- 단기선과 중기선이 우하향이고 장기선도 평행 상태에 가까울 것.

　참고로, 이 조건들을 충족해서 신규로 매도 포지션을 취한 뒤에도 단기선이 상승해 다른 선과 교차했다면 즉시 청산할 것을 잊지 말기 바란다.

　제3스테이지의 다음에는 중기선이 장기선에 접근해 교차하면서 제4스테이지의 안정 하락기에 접어드는 것이 기본이다(순행). 그러나 단기선이 일찍 상승하면서 다시 장기선과 교차해 제2스테이지로 돌아가는 경우가 있다. 이 경우는 박스 장세에 돌입할 가능성이 커진다.

제3스테이지 이후의 움직임을 파악할 때 중요한 포인트도 장기선의 움직임이다. 제4스테이지의 안정 하락기로 이행하기 위해서는 장기선의 상승이 끝나야 한다.

제4스테이지에서의 대응법

가격이 계속 하락할 경우, 먼저 움직임이 빠른 단기선이 하락하고 어느 정도 시간이 지난 뒤 중기선이 단기선의 뒤를 이어서 하락하며 마지막으로 가장 움직임이 둔한 장기선이 하락하기 시작한다. 그 결과 이동 평균선의 배열은 위에서부터 장기선, 중기선, 단기선의 순서가 된다. 매수 포지션을 가진 쪽과 매도 포지션을 가진 쪽의 힘 관계가 제1스테이지와는 정반대인 '안정 하락기'다.

이 스테이지에서 세 이동 평균선이 전부 우하향이라면 매도에 에지가 있는 상태다. 도표3-9를 봐도 하락 추세가 매우 명확히 보인다. 그러므로 제4스테이지이고 세 이동 평균선이 전부 우하향인 것을 확인했다면 신규로 매도 포지션을 취한다(세 이동 평균선이 전부 우하향이 아니라면 제4스테이지라고 해도 짧은 기간에 끝나고 박스 장세에 돌입할 가능성이 있으므로 주의가 필요하다). 특히 세 이동 평균선의 간격이 계속 벌어지는 상

도표3-9 이동 평균선이 장기·중기·단기의 순서이고 각도는 우하향인 상태

태라면 더욱 공격적이어도 될 것이다.

제4스테이지가 어느 정도 계속된 뒤의 전개는 제5스테이지로 이행하는 것뿐이다(초기 단계가 지나갔다면 제3스테이지로 돌아가는 일은 일어나지 않는다).

참고로 제1스테이지와 제4스테이지는 반대의 관계라고 말할 수 있지만, 예를 들어 달러/엔은 제1스테이지(달러 강세 엔화 약세 추세)가 천천히 진행되는 데 비해 제4스테이지(달러 약세 엔화 강세 추세)는 속도가 빠른 등의 특징이 경험적으로 발견된다. 또한 주식 시장에서도 일반적으로는 상승 추세보다 하락 추세의 속도가 더 빠른 경향이 있다.

제5스테이지에서의 대응법

가격이 상승 추세로 전환될 때는 움직임이 빠른 단기선이 제일 먼저 상승으로 전환되어 중기선을 아래에서 위로 교차하며, 그 결과 이동 평균선이 위에서부터 장기·단기·중기의 순서가 된다(도표3-10). 다만 제2스테이지와 정반대의 경우이므로 일시적인 반등일 가능성도 생각할 수 있다(이 경우는 제4스테이지로 돌아간다).

따라서 제5스테이지는 제4스테이지에서 신규로 취했던 매도 포지션을 청산할 타이밍이지만, 이동 평균선이 교차하더라도 중기선과 장기선이 안정 하락을 지속할 경우는 포지션을 유지한다. 즉, 중기선과 장기선이 형성하는 띠가 우하향이고 넓은 간격을 유지하고 있는 한은 단기선이 조금 상승했더라도 추세가 강하다고 판단한다.

한편, 원칙적으로는 상승 추세에 접어드는 첫 조짐이므로 매수의 선발대를 검토하며 대비한다. 선발대란 새로 포지션을 가질 때 먼저 본래

도표3-10 단기선이 중기선보다 위에 있지만 장기선보다는 아래에 있는 상태

생각했던 양의 일부만 취하는 것이다.

또한 제4스테이지의 하락이 단기간에 끝나 버렸을 경우는 박스 장세에 돌입할 가능성이 있다. 이것을 파악하기 전까지는 매수 포지션을 취하지 않는다. 단기선이 계속 상승하고 있을 것, 중기선의 하락이 끝나고 거의 평행해졌을 때가 매수 포지션을 취하기 위한 조건이다.

제5스테이지에서는 단기선의 아래에 중기선, 위에 장기선이 위치하는데, 다음에 단기선이 어느 선과 교차하느냐가 중요해진다. 보통(순행)은 단기선이 장기선과 교차해 제6스테이지로 이행하지만, 단기선이 아래를 향해서 중기선과 교차하면 제4스테이지로 돌아가게 된다(하락장의 일시적 반등이었을 때 자주 볼 수 있는 전개다).

이것을 예측하기 위한 힌트는 장기선의 기울기다. 장기선의 하락에 변화가 보이지 않을 경우는 장기선과 교차하지 않거나 교차하더라도 곧 오신호가 될 가능성이 크다고 말할 수 있다.

제6스테이지에서의
대응법

제5스테이지의 상태에서 상승 추세가 계속되면 단기선은 장기선조차 뚫고 올라가며, 그 결과 이동 평균선이 위에서부터 단기·장기·중기의 순서가 된다(도표3-11). 그야말로 상승장의 시작이다.

여기에서는 제4스테이지에서 신규로 취했던 매도 포지션이 있을 경우 전부 청산한다. 또한 매수 포지션의 조기 주문을 검토한다. 조기 주문은 선발대와 달리 본격적으로 매매할 경우와 같은 양의 포지션을 한 박자 빠르게 취하는 것이다. 그런 까닭에 오신호를 만날 위험성도 있지만, 성공하면 주문이 빨랐던 만큼 이익으로 이어진다.

다만, 실제로 조기 주문을 실행하기 위해서는 먼저 다음의 조건을 충족했는지 확인해야 한다.

• 제4스테이지의 기간이 어느 정도 길었을 것.

도표3-11 단기선이 장기선보다 위에 있지만 중기선은 장기선보다 아래에 있는 상태

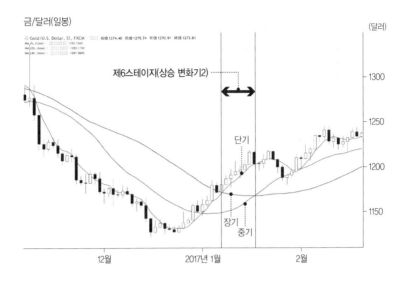

금/달러(일봉)

- 제4스테이지, 제5스테이지, 제6스테이지의 순서로 이행해 왔을 것(순행).
- 단기선과 중기선이 우상향이고 장기선도 평행 상태에 가까울 것.

참고로, 이 조건들을 충족해서 신규로 매수 포지션을 취한 뒤에도 단기선이 하강해 다른 선과 교차했다면 즉시 청산할 것을 잊지 말기 바란다.

제6스테이지의 다음에는 중기선이 장기선에 접근해 교차하면서 제1 스테이지의 안정 상승기에 접어드는 것이 기본이다(순행). 그러나 단기선이 일찍 하락하기 시작하면 다시 장기선과 교차해 제5스테이지로 돌아가는 경우가 있다. 이 경우는 박스 장세에 돌입할 가능성이 커진다.

제6스테이지 이후의 움직임을 파악할 때의 중요한 포인트도 장기선의 움직임이다. 제1스테이지의 안정 상승기로 이행하기 위해서는 장기선의 하락이 끝나야 한다.

눌림목 매수와 고점 인식
매도는 언제 해야 할까?

상승 추세의 눌림목에서 사고 싶다, 하락 추세의 일시적 반등에서 팔고 싶다는 것은 모든 트레이더의 공통된 바람이다. 물론 그 타이밍을 파악하는 것은 간단한 일이 아니지만, 이동 평균선 대순환 분석을 사용하면 눌림목 매수와 고점 인식 매도의 타이밍을 알기가 매우 쉬워진다.

이동 평균선 대순환 분석에서 눌림목은 다음과 같은 상황이다.

- 제1스테이지에서 제2스테이지 혹은 제3스테이지까지 변화한 뒤에 다시 제1스테이지로 돌아가 상승을 계속하는 상황.
- 위의 변형으로, 제1스테이지가 지속되는 상태에서 가격(캔들스틱)만이 중기선 혹은 장기선 아래로 내려갔지만 그 후 다시 원래의 수준으로 돌아가 상승을 계속하는 상황.

도표3-12 실제 차트에서 본 눌림목 매수의 포인트

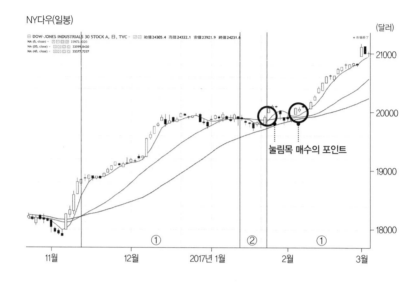

이런 눌림목을 어떻게 간파할 수 있을까? 포인트는 중기선과 장기선이다. 단기선 혹은 가격이 하락했더라도 중기선이나 장기선이 상승을 계속하고 있다면 그것이 눌림목이다.

이 경우, 중기선을 뚫고 내려갔던 단기선(혹은 가격)이 다시 올라가 세 선이 위에서부터 단기선·중기선·장기선의 배열로 간격을 벌리면서 상승을 시작했을 때가 눌림목 매수의 타이밍이다(도표3-12).

일시적 반등은 눌림목의 움직임과 정반대다. 일시적 반등을 눌림목과 같은 방식으로 정의하면 다음과 같다.

• 제4스테이지에서 제5스테이지 혹은 제6스테이지까지 변화한 뒤에 다시 제4스테이지로 돌아가 하락을 계속하는 상황.

도표3-13 실제 차트에서 본 고점 인식 매도의 포인트

유로/달러(일봉)

• 위의 변형으로, 제4스테이지가 지속되는 상태에서 가격(캔들스틱)만이 중기선

혹은 장기선 위로 올라갔지만 그 후 다시 원래의 수준으로 돌아가 하락을 계속

하는 상황.

일시적 반등을 간파하는 포인트는 눌림목과 정반대다. 요컨대 단기

선 혹은 가격이 상승했더라도 중기선이나 장기선이 하락을 계속하고

있다면 그것이 일시적 반등이다. 그러므로 중기선을 뚫고 올라갔던 단

기선(혹은 가격)이 다시 내려가 세 선이 위에서부터 장기선·중기선·단

기선의 순서로 간격을 벌리면서 하락을 시작했을 때가 고점 인식 매도

의 타이밍이다(도표3-13).

박스권 탈출을
간파하려면?

트레이딩은 추세가 계속되는 상태에서 하는 것이 가장 간단하며 이익을 크게 낼 수 있다. 반면에 추세가 없는 상태(박스 장세)에서 이익을 내는 것은 간단하지 않다. 다만 그렇다고 해서 박스권일 때 시장에서 눈을 떼는 것은 권하지 않는다. 추세가 없는 상태가 어떤 방향으로 깨지는, 이른바 박스권 탈출은 추세의 첫 움직임일 경우가 많으며 트레이더에게 매우 큰 기회이기 때문이다.

이동 평균선 대순환 분석은 박스권 탈출의 타이밍도 가르쳐 준다. 박스 장세가 되면 대순환 분석의 세 이동 평균선은 횡보하면서 서로 접근한다. 특히 중기선과 장기선이 접근하는 것은 박스 장세인지를 파악할 수 있는 중요한 포인트가 된다. 그리고 박스권 탈출이 일어날 가능성이 있는 것은 제1스테이지 또는 제4스테이지에 돌입하는 경우뿐이다.

제1스테이지에 돌입해 세 선이 간격을 벌리면서 상승하기 시작했다

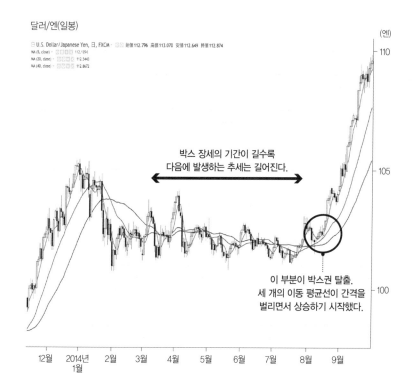

도표3-14 박스권 탈출의 신호를 찾아내 기회를 잡자!

달러/엔(일봉)

□ U.S. Dollar/Japanese Yen, 日, FXCM ▾ 始値112.796 高値113.070 安値112.649 終値112.874
MA (5, close) ▾ □□□□□ 112.1894
MA (20, close) ▾ □□□□□ 112.5443
MA (40, close) ▾ □□□□□ 112.8672

(엔)

박스 장세의 기간이 길수록
다음에 발생하는 추세는 길어진다.

이 부분이 박스권 탈출.
세 개의 이동 평균선이 간격을
벌리면서 상승하기 시작했다.

12월 2014년 2월 3월 4월 5월 6월 7월 8월 9월
         1월

면 상승 탈출, 제4스테이지에 돌입해 세 선이 간격을 벌리면서 하락하기 시작했다면 하락 탈출의 신호다. 따라서 박스 장세 중에 제1스테이지나 제4스테이지가 되었다면 그 움직임에 주목한다.

특히 주목해야 할 포인트는 세 선의 간격이다. 박스권에 있는 동안에는 세 선의 간격이 일시적으로 벌어지더라도 금방 다시 모인다는 특징이 있다(도표3-14). 따라서 탈출한 것처럼 보이는 움직임이 오신호인지 아닌지 판정하는 방법은 간단하다. 박스권이 계속될 경우는 즉시 단

기선이 중기선과 교차한다. 이 경우는 섣불리 포지션을 취해서는 안 된다. 반면에 정말로 박스권을 탈출해 추세가 발생하면 세 선의 간격은 점점 벌어진다.

박스권에 있었던 시기가 길수록 박스권 탈출 이후에 발생하는 추세는 거대해진다는 이야기가 있다. 그러므로 장기간의 박스 장세를 발견했다면 박스권 탈출을 확인하고 포지션을 취해서 확실히 이익을 올리도록 하자.

이동 평균선의 '간격'을 통해 추세를 읽어낸다

이동 평균선 대순환 분석에서 가장 중요한 것은 제1스테이지와 제4스테이지다. 이 부분이 추세가 나타나는 시기이며 트레이딩을 통한 이익의 대부분을 만들어내기 때문이다.

'제1스테이지 혹은 제4스테이지인지 여부'는 이동 평균선이 나열된 순서를 보면 한눈에 알 수 있다. 그러나 실제로 이 타이밍에 트레이딩을 해서 이익을 낼 수 있느냐 여부는 '추세가 오래 계속될지 어떨지'를 판단할 수 있느냐가 포인트가 된다.

추세가 오래 계속될지 여부를 판단하기 위해 주목해야 할 것은 이동 평균선의 간격이다.

① 안정 상승·안정 하락

안정된 상승 추세가 계속되면 세 선은 거의 평행해진다(도표3-15). 하락 추세도 마찬가지로, 안정된 하락 추세가 계속되면 세 선은 거의 평행해진다(도표3-16).

이동 평균선이 이런 형태를 이루고 있다면 한동안 이러한 추세가 이어질 가능성이 크다고 말할 수 있다.

도표3-15 세 이동 평균선의 간격이 거의 평행한 안정 상승기   **도표3-16 세 이동 평균선의 간격이 거의 평행한 안정 하락기**

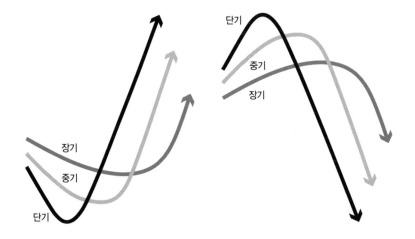

② 가속 상승·가속 하락

상승 혹은 하락 장세가 가속도를 붙여 나가면 세 선의 간격은 점점 벌어진다(도표3-17, 도표3-18). 이것은 추세에 기세가 붙은 상황이다.

이런 상황일 경우, 추세의 초기인가 종반인가에 따라 이후의 전개를 바라보는 시각이 달라진다. 초기에 확산(간격의 확대)이 발견되었다면 기세가 있는 상태로, 이후 그 방향으로 거대한 추세가 만들어질 것이 예상된다. 한편 추세의 종반에 확산이 발견되었다면 더욱 크게 뻗어나가는 경우가 있는 반면에 그곳이 천장이었고 이후 급락하는 경우도 있으니 주의해야 한다.

도표3-17 세 이동 평균선의 간격이 벌어지고 있는 가속 상승기 **도표3-18 세 이동 평균선의 간격이 벌어지고 있는 가속 하락기**

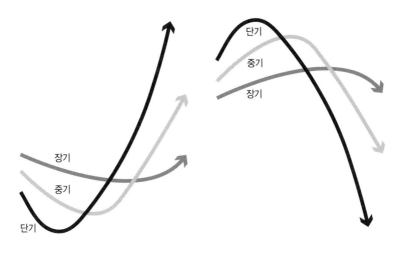

추세에 가속도가 붙었을 경우, 최종적으로는 천장에 닿거나 바닥을 침으로써 추세의 종말을 맞이하게 된다.

매수 포지션을 가진 쪽이 포기하고 손절 결제를 하는 상황을 '던진다.'라고 표현하고, 매도 포지션을 가진 쪽이 포기하고 손절 결제를 하는 상태를 '밟는다.'라고 표현한다. 하락장의 마지막에는 매수 포지션을 가진 쪽의 던짐으로 인한 폭락이 찾아오며, 던져야 하는 사람들이 전부 던지면 반등이 일어난다. 반대로 상승 추세의 마지막에는 매도 포지션을 가진 쪽의 밟기로 인한 폭등이 있으며, 밟아야 하는 사람이 전부 밟으면 반락이 일어난다.

그리고 그곳이 천장 혹은 바닥이 된다.

③ 감속 상승·감속 하락

이것은 천천히 간격이 좁아지는 패턴이다. 도표3-19(상승의 경우) 혹은 도표3-20(하락의 경우)과 같이 상승 추세(혹은 하락 추세)에서 세 선의 수렴(간격이 좁아지는 것)이 발견되었다면 이것은 추세가 기세를 잃기 시작했음을 의미한다.

그럴 경우 다음 스테이지로 이행할 가능성을 생각해 둘 필요가 있다.

도표3-19 세 이동 평균선의 간격이 좁아 지는 감속 상승기

도표3-20 세 이동 평균선의 간격이 좁 아지는 감속 하락기

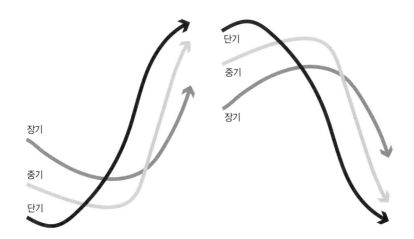

'띠'를 통해 가격 변동의 거대한 흐름을 읽어낸다

앞서 추세를 읽으려면 이동 평균선의 간격을 보는 것이 중요하다고 했는데, 특히 가격 변동의 거대한 흐름을 파악하려면 중기선과 장기선의 간격에 주목해야 한다. 이 간격에 색을 칠한 것을 '띠(帶)'라고 부른다. 우상향하는 상승 국면에서 생긴 띠는 '상승띠', 우하향하는 하락 국면에서 생긴 띠는 '하락띠'이며(도표3-21), 상승띠에서 하락띠로 바뀌는 것을 '음전', 하락띠에서 상승띠로 바뀌는 것을 '양전'이라고 한다. 이 두 이동 평균선이 교차하는 국면을 '띠의 꼬임'이라고 부른다.

가격 변동의 대국적인 추세는 띠가 가르쳐 준다. 양전은 대국적으로 가격의 흐름이 상승 추세로 전환되고 있음을, 반대로 음전은 대국적으로 가격의 흐름이 하락 추세로 전환되고 있음을 의미한다.

그렇다면 띠를 통해서 무엇을 알 수 있을까? 알 수 있는 것은 다음의 여섯 가지다.

도표3-21 '띠'를 보면 대국적인 추세를 알 수 있다

원유/달러(일봉)

① LIGHT CRUDE OIL FUTURES, 日, NYMEX · 現値 58.32 高値 58.34 安値 57.67 終値 57.79

① 대국적인 추세를 알 수 있다

가격이 띠를 따라서 움직이고 있다면 가격이 추세를 순순히 따르고 있다는 의미이며, 띠를 뚫고 밖으로 나갈 것처럼 움직이고 있다면 추세가 전환됨을 의미한다.

② 추세의 방향성과 강력함을 알 수 있다

띠가 횡보하거나 폭이 거의 없다면 추세가 없다는 의미다. 반대로 띠의 폭이 넓으면서 일정한 기울기를 보인다면 그 기울기의 방향으로 추세가 형성되고 있는 것이다.

③ 추세의 안정성을 알 수 있다

띠의 폭이 넓다면 현재의 추세가 유지되지만, 띠가 좁아지고 있다면 추세가 약해져 끝을 향하고 있다고 판단할 수 있다.

④ 띠가 저항대·지지대로 기능한다

띠의 폭이 넓을 때는 띠가 저항대 혹은 지지대로 기능한다. 반대로 띠의 폭이 좁을 때는 저항대도 지지대도 되지 못한다. 이때는 가격이나 단기선이 너무나도 쉽게 띠를 넘나드는데, 이것은 박스 국면임을 의미한다.

가격의 움직임을 전체적으로 살펴보면 일정 수준 이상의 폭이 있는 띠가 형성되는 시기는 20퍼센트 정도에 불과하며 나머지 80퍼센트는 좁은 띠만 나타난다. 이것은 폭이 넓은 띠가 형성되는 국면이 그만큼 귀중하다는 의미로도 해석할 수 있다. 추세가 있는 국면과 움직임을 예측하기 어려운 국면을 구분하고, 국면에 맞춰 트레이딩을 함으로써 '이익을 낼 수 있을 때 확실히 내는' 자세가 중요하다.

⑤ 띠에는 양전과 음전이 있다

앞에서도 이야기했듯이 띠에는 꼬임이 발생하는데, 이 꼬임이야말로 대국적인 추세가 전환되었다는 신호다.

⑥ 띠는 네 가지 국면으로 나뉘며, 각 국면별로 매매 전략이 존재한다

띠에는 '매수기', '매도기', '박스기', '대전환기'라는 네 가지 국면이 존재한다.

먼저, 상승띠는 매수기다. 상승띠가 뚜렷하게 나타났을 때는 가격이 다소 하락했더라도 절호의 눌림목 매수 기회가 된다. 반대로 하락띠는 매도기다. 하락띠가 뚜렷하게 나타났을 때는 일시적으로 가격이 상승했을 때 고점 인식 매도를 하는 것도 효과적이다.

띠의 폭이 좁아졌다면 박스기다. 이 국면에서는 오신호가 발생할 때도 많으므로 매수 포지션도 매도 포지션도 취하지 않는 편이 무난하다 (박스권 돌파에는 주목해야 한다).

그리고 대전환기는 상승띠와 하락띠가 전환되는 부분이므로 마음가짐을 새로이 해야 한다.

이동 평균선 대순환 분석의 장점과 주의점

여기까지 읽은 독자는 이동 평균선 대순환 분석이 판단 기준이 명확하고 알기 쉬운 기술적 지표임을 이해했을 것이다. 다만 이 세상에 완벽한 것은 없다. 물론 이동 평균선 대순환 분석이라고 예외는 아니어서, 당연히 약점도 있다.

첫째로, 가격 변동이 적은 투자 대상에는 적합하지 않다. 이동 평균선 대순환 분석의 장점은 어느 정도 거대한 상승 추세 혹은 하락 추세가 있을 때 그것을 거의 온전히 활용해 이익을 낼 수 있다는 데 있다. 반대로 거의 가격 변동이 없을 경우에는 최적의 매매 타이밍을 가르쳐 주지 못한다.

따라서 이동 평균선 대순환 분석을 이용할 때는 최대한 변동률이 큰 투자 대상, 추세가 나타나기 쉬운 투자 대상을 고르는 것이 중요하다. 그런 투자 대상으로는 무엇이 있을까? 가령 주식이라면 대형 국제 우

도표3-22 '대변동 장세'는 1년에 몇 번 있을까 말까다

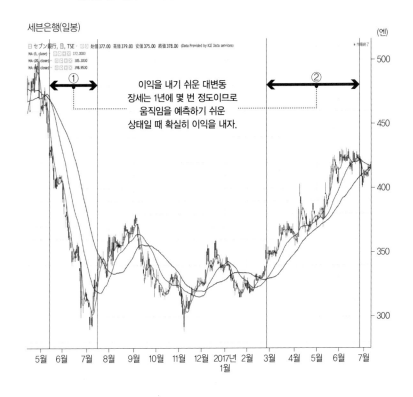

세븐은행(일봉)

이익을 내기 쉬운 대변동
장세는 1년에 몇 번 정도이므로
움직임을 예측하기 쉬운
상태일 때 확실히 이익을 내자.

량주보다 신흥주일 것이며, FX라면 미국 달러/엔보다 영국 파운드/엔
이 더 적합할 것이다.

　이동 평균선 대순환 분석에는 이와 같은 특징이 있으므로 사용할 때
다음과 같은 점에 주의해야 한다.

　스테이지의 변화와 이익을 내기 쉬운 시기를 도표3-22에 정리했으
니 이 도표를 보면서 확인해 보자. 차트의 ①은 매도 포지션으로 이익
을 내기 쉬운 시기, ②는 매수 포지션으로 이익을 내기 쉬운 시기다. 차

트를 보면 분명하게 알 수 있지만, 이익을 내기 쉬운 시기는 1년에 몇 번 정도다.

제1스테이지와 제4스테이지를 절대 놓치지 않는다

이익을 내지 못하는 트레이더일수록 이익을 내려고 1년 내내 열심 트레이딩을 한다. 물론 그 마음은 충분히 이해한다. 그러나 이익을 내기 쉬운 시기와 이익을 내기 어려운 시기는 분명히 존재하며, 이것은 트레이더 개인의 힘으로는 도저히 바꿀 수 없다.

그런 점에서 이동 평균선 대순환 분석은 이익을 내기 쉬운 시기를 가르쳐 준다. 이익을 내기 쉬운 시기는 뭐니 뭐니 해도 제1스테이지와 제4스테이지, 그중에서도 제1스테이지나 제4스테이지에 접어든 직후가 아니라 세 이동 평균선이 간격을 벌리면서 추세가 계속되는 상황이다. 이때가 트레이딩을 하기에 최적의 시기다.

물론 그런 국면을 노리더라도 실제로 추세가 장기간 계속되리라는 보장은 없다. 포지션을 취한 순간 스테이지가 끝나 버려서 이익으로 연결되지 않을 수도 있다. 그러나 거대한 추세는 '세 이동 평균선이 간격을 벌리면서 계속된다.'라는 조건을 충족한다는 것만은 분명하다. 따라서 제1장에서 언급한 '큰수의 법칙'을 생각하면 그런 국면에서 트레이딩을 하는 것이 이익을 내기 위한 합리적인 방법임에는 틀림이 없다.

이익을 내기 어려운 시기에는 무리하지 않는다

트레이딩으로 이익을 내기 어려운 시기는 ①역행을 빈번하게 반복하는 시기, ②제1스테이지 혹은 제4스테이지가 단기간에 끝나 버릴 때, ③이행기(제2스테이지, 제3스테이지, 제5스테이지, 제6스테이지)다.

앞에서 언급했듯이 응용편을 활용하면 이런 시기라고 이익을 내지 못하는 것은 아니다. 그러나 응용편이라는 말에서 짐작할 수 있듯이 난도가 높기 때문에 간단하지는 않다. 그렇다면 이런 시기에 굳이 무리할 필요는 없다.

여기까지 읽고 '1년에 몇 번밖에 기회가 없다면 1년 내내 차트를 들여다볼 필요는 없지 않아?'라고 생각한 사람도 있을지 모르겠는데, 그렇지 않다. 차트를 계속 살펴보지 않으면 언제 그 시기가 찾아올지 파악할 수 없다. 다만 트레이딩을 안 하면서 계속 진지하게 차트만 들여다보는 것은 쉬운 일이 아니다. 그러므로 그 밖의 시기에도 '연습을 겸해서 트레이딩을 할' 것을 권한다. 연습이므로 이 시기의 수익은 플러스마이너스 제로로 충분하다. 그리고 이익을 크게 낼 기회가 찾아오면 그때 확실히 이익을 낸다. 이런 완급 조절이 이익을 내는 트레이더가 되는 비결이다.

移動平均線　究極の読み方・使い方

제4장

실제 차트를 보고
가격 변동을 추리해 보자

실제 차트로 검증해 보자

제3장에서는 이동 평균선 대순환 분석에 대해 그 특징부터 개념과 사용법, 장단점까지 설명했다. 제4장에서는 실제 차트를 바탕으로 가격이 어떻게 변동하는지 이해하는 연습을 해 보자. 예제1부터 예제6까지 차트를 보고 '현재의 가격 상황'을 자기 나름대로 생각해 보기 바란다. 그다음 페이지에는 이후의 가격 변동 상황을 보여주는 차트와 함께 어떻게 대응해야 하는지에 관한 답안을 실었다.

여기에서 중요한 점은 이후의 가격 추이를 정확히 예측하는 것이 아니다. 제1장에서 언급했듯이, 기술적 분석의 요체는 예측하는 것이 아니라 현재의 상태를 올바르게 이해하는 것이다. 그리고 올바른 이해에 입각해 합리적으로 대응하기를 거듭하면 큰수의 법칙에 따라 이익을 낼 수 있다.

그러므로 이 장에서도 이후의 가격 추이를 맞혔느냐 맞히지 못했느

나에 집착하지 말고 현재의 상태를 올바르게 이해하는 데 집중하면서
연습하기를 바란다.

예제1
(닛케이 225 선물의 일봉 차트)

　도표4-1을 보면 제4스테이지의 하락기와 제1스테이지의 상승기가 교차로 옴을 알 수 있다. 즉, 여기까지의 움직임은 '박스 장세'이다. 그리고 현재는 제1스테이지의 상승기다. 게다가 '박스 장세'의 고가를 경신했다. 이 상황을 어떻게 판단해야 할까?

　도표4-2에서 동그라미를 친 부분이 도표4-1의 마지막 부분이다. 이후 거대한 추세가 형성된 것이 보인다. 추세에 기세가 붙어서 기회를 놓치지 말고 이익을 내야 할 국면이었음을 알 수 있다. '박스 장세'에서 박스권의 고가를 뚫고 제1스테이지로 이행한 시점은 반드시 노려야 할 부분이다. 그때까지의 박스권 가격에 익숙해진 사람은 동그라미 친 부분을 '비싸다.'고 느꼈을 것이다. 그러나 박스권을 탈출한 뒤에 찾아온 제1스테이지에서는 감각보다 이론을 우선해 매수에 나서야 한다.

도표4-1 닛케이 225 선물의 일봉 차트(2017년 3월 15일~2017년 9월 21일)

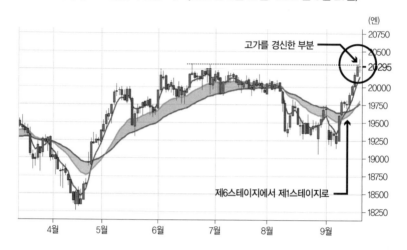

고가를 경신한 부분

(엔)

제6스테이지에서 제1스테이지로

도표4-2 닛케이 225 선물의 일봉 차트(2017년 5월 18일~2017년 11월 21일)

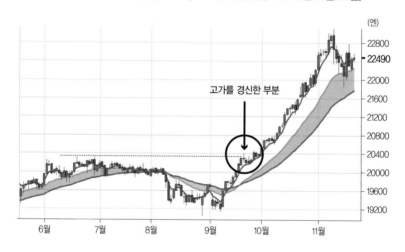

고가를 경신한 부분

(엔)

예제2 (달러/엔의 일봉 차트)

도표4-3에서 제1스테이지의 안정 상승기가 끝나고 제2스테이지로 이행했으나 다시 제2스테이지에서 제1스테이지로 돌아온 모습을 확인할 수 있다.

이 상황을 어떻게 판단해야 할까?

여기에서는 띠의 간격과 방향성이 포인트가 되므로 유심히 보고 판단하기를 바란다.

도표4-4에서 동그라미를 친 부분이 도표4-3의 마지막 부분이다. 그 뒤로 어떻게 되었을까?

더욱 기세가 붙은 움직임을 보이며 거대한 추세를 형성했다. 이런 패턴을 '스테이지 1→2→1의 눌림목'이라고 한다.

여기에서의 포인트는 띠의 간격을 보고 추세에 기세가 붙었는지를 판단할 수 있는지 여부다. 띠가 단기 이동 평균선에 대해 지지대로 기

도표4-3 달러/엔의 일봉 차트(2014년 4월 28일~2014년 10월 29일)

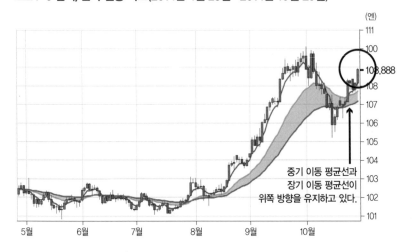

중기 이동 평균선과
장기 이동 평균선이
위쪽 방향을 유지하고 있다.

도표4-4 달러/엔의 일봉 차트(2014년 7월 7일~2015년 1월 9일)

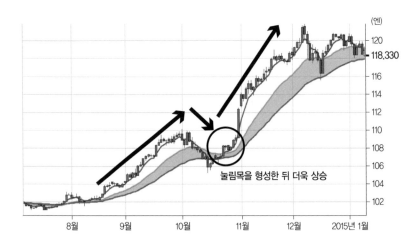

눌림목을 형성한 뒤 더욱 상승

능하고 있음을 알 수 있다. 띠의 간격이 넓은지 좁은지를 보면 추세의
강약과 방향성을 알 수 있다. 또한 넓은 띠는 지지대, 저항대가 되는 경
향이 강하다는 점도 이해해 두기 바란다.

04

예제3
(달러/엔의 4시간봉 차트)

　도표4-5의 차트를 보면 안정 상승기인 제1스테이지가 끝나고 제2스테이지에서 제3스테이지가 된 뒤 거대한 음선이 나타나 제4스테이지가 되었음을 알 수 있다. 상승띠의 간격이 좁아지며 직전 저가 아래로 내려가 제4스테이지로 이행한 부분이 포인트다.

　이 상황을 어떻게 판단해야 할까?

　도표4-6에서 동그라미를 친 부분이 도표4-5의 마지막 부분이다. 그 뒤로 어떻게 되었을까? 대음선을 형성한 뒤 가격이 조금 반등했지만 띠의 저항에 부딪혀 하락했음을 알 수 있다. 제1스테이지의 안정 상승기가 끝나고 단기 이동 평균선이 띠의 저항에 부딪힌 뒤 거대한 음선을 그리며 직전 저가를 밑돌게 되면 대전환이 일어나는 경우가 있다. 그 뒤에도 단기 이동 평균선과 띠의 관계성을 보면 띠가 저항대가 되고 있음을 잘 알 수 있다. 이 대전환의 흐름을 이해하자.

도표4-5 달러/엔의 4시간봉 차트(2017년 6월 14일~2017년 7월 21일)

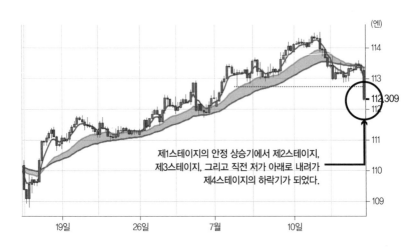

제1스테이지의 안정 상승기에서 제2스테이지,
제3스테이지, 그리고 직전 저가 아래로 내려가
제4스테이지의 하락기가 되었다.

도표4-6 달러/엔의 4시간봉 차트(2017년 7월 10일~2017년 8월 9일)

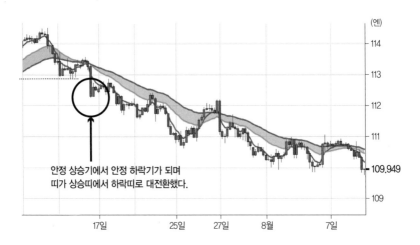

안정 상승기에서 안정 하락기가 되며
띠가 상승띠에서 하락띠로 대전환했다.

05

예제4
(달러/엔의 1시간봉 차트)

도표4-7의 차트를 보면 제1스테이지의 안정 상승기가 계속되던 것이 직전 저가 아래로 내려가며 제4스테이지로 이행했음을 알 수 있다. 눌림목이 조금 깊다는 것이 마음에 걸리는 부분이다. 이 차트가 일봉이 아니라 1시간봉이라는 점도 고려할 필요가 있을지 모른다.

이 상황을 어떻게 판단해야 할까?

도표4-8에서 동그라미를 친 부분이 도표4-7의 마지막 부분이다. 그 뒤로 어떻게 되었을까?

제4스테이지로 이행했지만 금방 반전해 제1스테이지가 되었고 다시 제4스테이지로 이행하며 박스 장세가 되었음을 알 수 있다. 박스 장세는 이익을 노리고 트레이딩을 하기에 좋은 시기가 아니다.

'제1스테이지의 기간이 짧은 경우'는 박스 장세에 돌입할 가능성이 있으므로 그 여부를 잘 파악하자.

도표4-7 달러/엔의 1시간봉 차트(2017년 10월 18일~2017년 10월 26일)

눌림목을 형성하면서
안정 상승기가 계속되었지만
직전 저가 아래로 내려가며
제3스테이지에서 제4스테이지로 이행

도표4-8 달러/엔의 1시간봉 차트(2017년 10월 25일~2017년 11월 2일)

제4스테이지가 금방 끝나고
박스 장세로 이행

예제5 (달러/엔의 5분봉 차트)

도표4-9의 차트를 보면 띠가 횡보하는 박스 장세임을 알 수 있다. 그러나 23시가 지난 시점에 박스권을 탈출해 제4스테이지의 하락기로 이행했다.

이 상황을 어떻게 판단해야 할까?

도표4-10에서 동그라미를 친 부분이 도표4-9의 마지막 부분이다. 그 뒤로 어떻게 되었을까?

박스권을 아래로 탈출해 제4스테이지로 이행했음을 알 수 있다. 그리고 하락띠의 간격이 넓어지며 그 띠가 저항대로 기능해 추세에 기세가 생겼다.

이동 평균선 대순환 분석의 기본적인 개념은 일봉에든 5분봉에든 똑같이 적용된다. '박스 장세에서는 위아래 중 어느 한쪽으로 탈출한 타이밍을 노린다.'라는 것을 기억해 두자.

도표4-9 달러/엔의 5분봉 차트(2017년 11월 17일~2017년 11월 17일)

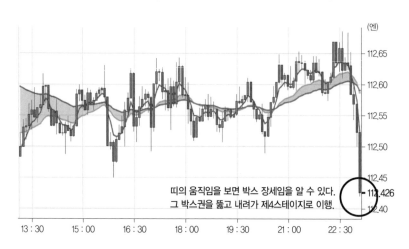

띠의 움직임을 보면 박스 장세임을 알 수 있다.
그 박스권을 뚫고 내려가 제4스테이지로 이행.

도표4-10 달러/엔의 5분봉 차트(2017년 11월 17일~2017년 11월 18일)

하락띠의 저항대에 억눌려 지지선 아래로 내려간
시점도 매도 포지션으로 이익을 내야 할 부분

띠의 움직임을 보고 상승띠인지 하락띠인지
대전환기인지 박스권인지 분간하는 것이 중요하다.
박스권을 아래로 탈출하며 거대한 하락띠가 발생했다.

예제6
(NTT 도코모의 일봉 차트)

도표4-11의 차트를 보면 안정 상승기인 제1스테이지에서 제2스테이지 그리고 제3스테이지로 이행하고 있음을 알 수 있다. 여기에서의 포인트는 안정 상승기가 끝난 뒤의 띠의 상황을 이해할 필요가 있다는 것이다. 참고로 띠는 상승띠를 유지하고 있다.

이 상황을 어떻게 판단해야 할까?

도표4-12에서 동그라미를 친 부분이 도표4-11의 마지막 부분이다. 그 뒤로 어떻게 되었을까?

포인트는 상승띠를 유지하느냐다. 조정 국면에서는 때때로 '스테이지 1→2→3→2→1의 눌림목'이라는 깊은 조정이 들어갈 때도 있다. 그 후에도 역시 눌림목을 형성한 뒤 추세에 기세가 생겼음을 알 수 있다.

오신호를 만나기 쉬운 패턴이기는 하지만, 띠를 보고 현재 상태가 상승띠인지 하락띠인지 확인하며 대응해 나가자.

도표4-11 NTT 도코모의 일봉 차트(2014년 8월 26일~2015년 4월 1일)

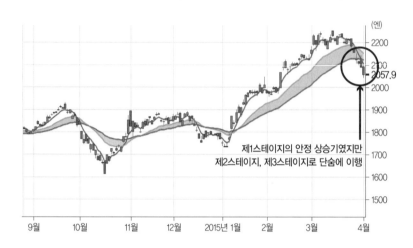

(엔)

제1스테이지의 안정 상승기였지만
제2스테이지, 제3스테이지로 단숨에 이행

2057.9

9월　10월　11월　12월　2015년 1월　2월　3월　4월

도표4-12 NTT 도코모의 일봉 차트(2015년 1월 13일~2015년 8월 12일)

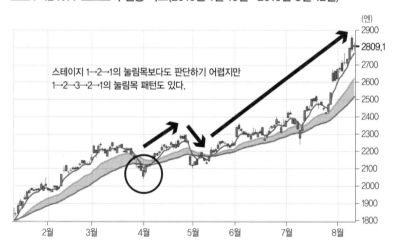

(엔)

스테이지 1→2→1의 눌림목보다도 판단하기 어렵지만
1→2→3→2→1의 눌림목 패턴도 있다.

2809.1

2월　3월　4월　5월　6월　7월　8월

대순환 MACD를 마스터하자

MACD는 이동 평균선의 진화형

    지금까지 해설해 온 이동 평균선 대순환 분석에는 트레이딩을 해야 하는 타이밍(제1스테이지와 제4스테이지)을 명확히 알 수 있지만 매매 신호가 늦게 나타난다는 단점이 있었다. 그래서 응용편으로 선발대와 조기 주문을 통해 대응하는 방법에 관해서도 이야기했다.

    제5장에서는 그런 단점에 대응하기 위해 이동 평균선 대순환 분석에 MACD라는 기술적 지표를 추가하는 수법인 이른바 '대순환 MACD'에 관해 설명하겠다.

    먼저, 왜 MACD를 사용하는지에 관해 이야기하겠다. MACD는 'Moving Average Convergence/Divergence'의 약자인데, 우리말로 옮기면 '이동 평균 수렴·확산'이다. 'Moving Average(이동 평균)'라는 말이 들어간 것에서도 알 수 있듯이 이것도 이 책의 주제인 이동 평균선의 일종이다. 이것이 수렴하거나 확산한다는 것인데, 알기 쉽게 말하면

'달라붙거나 떨어진다.'는 뜻이다.

그렇다면 무엇이 '달라붙거나 떨어'질까? 1970년대 말에 제럴드 아펠(Gerald Appel)이라는 미국의 저명한 기술적 분석가가 MACD를 처음 개발했을 때는 이러했다.

MACD = 단기 이동 평균 − 장기 이동 평균

즉, 단기 이동 평균에서 장기 이동 평균을 빼는 이 계산식은 쉽게 말하면 기간이 다른 두 이동 평균선의 차를 나타내는 것이다.

고안자인 제럴드 아펠은 단기 이동 평균으로 12일 EMA(Exponential Moving Average, 지수 평활 이동 평균선), 장기 이동 평균으로 26일 EMA가 최적의 조합이라고 주장했다(EMA에 관해서는 뒤에서 설명할 것이다). 즉, 다음과 같다.

MACD = 12일 EMA − 26일 EMA

그렇다면 이것을 계산해서 무엇을 알 수 있을까? 12일 EMA에서 26일 EMA를 빼는 것이므로 숫자가 양수이고 그 값이 커지고 있을 때는 12일 EMA가 26일 EMA보다 위에 있으며 그 폭이 넓어지고 있다는 의미가 된다. 그러다 이윽고 그 값이 정점을 찍은 뒤 감소(이것을 피크아웃이라고 한다)하기 시작하면 제로(12일 EMA와 26일 EMA의 데드크로스가 발생하는 포인트)를 거쳐 음수가 된다. 숫자가 음수이고 그 절댓값이 커지고 있을 때는 12일 EMA가 26일 EMA보다 아래에 있으며 그 폭이 넓어지고 있다는 의미가 된다.

그런데 이런 설명, 어딘가에서 들었던 것 같지 않은가? 그렇다. 이것은 이동 평균선 대순환 분석에서 이동 평균선의 위치 관계의 추이와 똑같다. 또한 'MACD의 값이 정점을 찍은 뒤 제로를 향한다.'는 것은 MACD가 피크아웃하는 포인트를 보면 골든크로스나 데드크로스를 예측할 수 있음을 의미한다(도표5-1).

도표5-1 MACD를 이용하면 이동 평균선이 교차하는 포인트를 예측할 수 있다

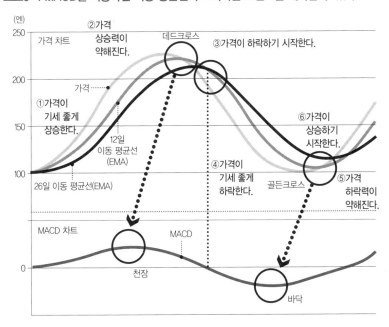

MACD에 사용하는 이동 평균선인 EMA는 무엇일까?

지금부터는 앞에서 나왔던 EMA(Exponential Moving Average)에 관해 설명하겠다.

제1장에서 언급했듯이, 일본에서 일반적으로 사용하는 이동 평균선은 SMA(Simple Moving Average, 단순 이동 평균선)다. 가령 5일 이동 평균선이라면 매일 당일을 포함한 5일 동안의 가격의 평균값을 계산하고 그 값들을 선으로 연결함으로써 이동 평균선을 만들어 나간다. 문자 그대로 단순한 이동 평균선이다.

그러나 SMA를 자주 사용하는 나라는 일본 정도이며, 외국에서는 일반적으로 EMA를 사용한다.

EMA와 SMA는 어떻게 다를까? 이것은 실제로 차트를 비교해 보면 쉽게 알 수 있다.(도표5-2) 예를 들어 같은 날수의 SMA와 EMA를 비교해 보면 천장이나 바닥의 신호가 발생하는 타이밍이 EMA가 SMA보

도표5-2 SMA보다 EMA가 움직임이 더 빠르다

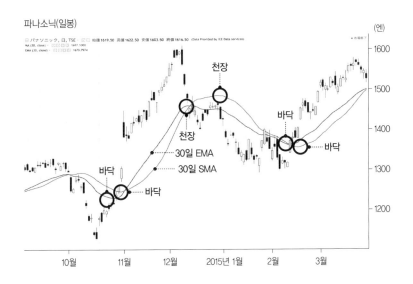

파나소닉(일봉)

다 빠르다. 또한 평활(平滑)이라는 말에서도 짐작할 수 있듯이 EMA는 SMA에 비해 선의 오르내림이 매끄럽다.

이것이 EMA의 중요한 포인트다. 먼저, 선의 오르내림이 매끄러운 만큼 오신호가 적게 발생한다. 아울러 신호가 발생하는 타이밍이 빠르면 그만큼 수익을 확보할 기회가 많아진다. 이것도 차트를 보면 알 수 있는데, SMA는 EMA에 비해 천장과 바닥의 신호가 발생하는 타이밍이 늦다. 그만큼 천장 부근에서는 팔 타이밍이, 바닥 부근에서는 살 타이밍이 조금 늦어진다. 신호가 늦게 발생하면 수익은 당연히 그만큼 줄어들 수밖에 없다.

단순 이동 평균선=SMA의 문제점

가령 5일 이동 평균(SMA)의 값이 1,000엔이고, 하루 지난 뒤의 새로운 가격은 1,200엔이라고 가정하자. 이 경우 기존의 값에서 가장 오래된 가격을 빼고 당일의 가격인 1,200엔을 더해 새로운 이동 평균을 계산하는데, 이때 5일 이동 평균의 값이 1,000엔보다 높아질까 낮아질까?

직전의 5일 이동 평균이 1,000엔이고 최신 가격이 1,200엔이라면 감각적으로는 1,000엔보다 높아지지 않을까 생각될 것이다. 그런데 실제로는 그렇지 않은 경우도 많다. 예를 들어 다음과 같은 흐름으로 1,000엔이 되었다면 어떨까?

1일째……1,400엔

2일째……600엔

3일째……1,000엔

4일째……1,000엔

5일째……1,000엔

이러면 5일 이동 평균의 값은 1,000엔이 된다. 그렇다면 1일째의 1,400엔을 빼고 새로운 가격인 1,200엔을 5일째의 가격으로 추가할 경우 어떻게 될까?

1일째……600엔

2일째……1,000엔

3일째……1,000엔

4일째……1,000엔

5일째……1,200엔

새로운 5일 이동 평균은 960엔이 된다.

그러면 이번에는 5일 이동 평균이 다음과 같은 흐름이었을 경우를 생각해 보자.

1일째……600엔

2일째……1,400엔

3일째……1,000엔

4일째……1,000엔

5일째……1,000엔

여기에서 1일째를 빼고 새로 1,200엔을 더해 5일 이동 평균을 계산해보자.

1일째……1,400엔

2일째……1,000엔

3일째……1,000엔

4일째……1,000엔

5일째……1,200엔

새로운 5일 이동 평균은 1,120엔이 된다.

요컨대 SMA의 경우 최신 이동 평균의 수치가 상승하느냐 하락하느냐는 최신 가격이 이동 평균보다 높은가 낮은가가 아니라 계산에서 제외되는 가격과 새로 추가되는 가격 중 어느 쪽이 높은가에 따라 결정된다.

이것은 시장에 참가한 트레이더의 감각과 조금 차이가 있다. 보통은 며칠 전의 가격이 얼마였는가보다 현재의 가격 변동의 기세가 더 중요할 것이다. 그리고 이런 계산상의 결점이 이동 평균선의 오신호를 만들어내는 원인 중 하나라고도 생각할 수 있다.

가령 매수 신호인 골든크로스도 최신 가격이 높아서 이동 평균선이 위를 향한 결과 골든크로스가 발생하는 경우가 있는 반면에, 최신 가격은 낮지만 때마침 계산에서 제외되는 가격이 최신 가격보다 낮은 까닭에 이동 평균선이 위를 향한 결과 골든크로스가 발생하는 경우도 있다. 게다가 제외되는 가격이 낮을수록 위를 향하는 기울기가 급해진다. 이 상태를 보고 가격 상승의 기세가 강하다고 판단하는 것은 합리적이지 못하다는 생각이 든다.

SMA에는 다른 문제점도 있다. 가령 100일 SMA와 최신 가격을 비교한다고 가정하자. 시장에서 어제의 가격 동향은 최신 가격에 강하게 영향을 끼치지만, 100일 전의 가격은 어제의 가격보다 최신 가격에 끼치는 영향력이 훨씬 덜할 수밖에 없다. 그러나 SMA는 단순히 100일 동안의 가격의 평균을 계산할 뿐이기 때문에 100일 전의 가격도 어제의 가격과 같은 비중으로 최신 가격에 영향을 끼친다. EMA는 이런 SMA의 문제점을 해결하기 위해 고안된 것이다.

EMA는 최근의 숫자를
더 중시하는 이동 평균선

5일 EMA와 5일 SMA의 계산식을 비교해 보자. 이것을 보면 EMA와 SMA의 차이가 이해될 것이다.

5일 SMA＝(어제까지의 4일간 평균×4＋오늘의 가격)÷5
5일 EMA＝[어제의 EMA×(5−1)＋오늘의 가격×2]÷(5＋1)

SMA는 오늘의 가격을 포함해 5일 동안의 가격을 전부 더한 뒤 그것을 5로 나눠서 구하는 단순 평균이다. 한편 EMA는 오늘의 가격에 2를 곱함으로써 비중을 높였다(도표5-3). '5＋1'로 나눈 것은 오늘의 가격에 2를 곱했기 때문이다. 참고로, 첫날의 계산은 SMA와 마찬가지이며 2일째부터 위의 식을 사용한다.

이렇게 한 결과, 이동 평균의 값에서 차지하는 가격의 비중이 도표

도표5-3 일수가 많아질수록 EMA가 더 간단해진다

5일 이동 평균의 계산 방법을 비교

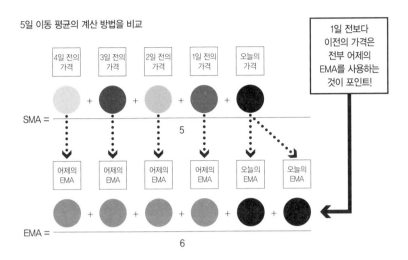

도표5-4 SMA와 EMA에서 가격이 차지하는 '비중'의 차이

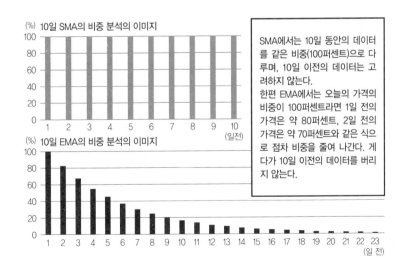

SMA에서는 10일 동안의 데이터를 같은 비중(100퍼센트)으로 다루며, 10일 이전의 데이터는 고려하지 않는다.
한편 EMA에서는 오늘의 가격의 비중이 100퍼센트라면 1일 전의 가격은 약 80퍼센트, 2일 전의 가격은 약 70퍼센트와 같은 식으로 점차 비중을 줄여 나간다. 게다가 10일 이전의 데이터를 버리지 않는다.

5-4처럼 되었다. 최근의 가격일수록 차지하는 비중이 더 높아지는 것이다. 그래서 EMA는 SMA에 비해 가격의 움직임에 대한 추종성이 좋아져 천장이나 바닥의 신호가 일찍 나타날 뿐만 아니라 그려지는 선이 더 매끄럽다.

MACD와 시그널

MACD는 이 장의 앞머리에서도 언급했듯이 12일 EMA와 26일 EMA의 위치 관계를 나타내는 선이다. 그리고 일반적으로는 이런 MACD의 움직임을 이해하기 쉽도록 '시그널'이라는 선을 추가한다. 여기에서 시그널은 'MACD의 9일 EMA'를 가리킨다.

왜 두 EMA의 괴리인 MACD를 분석하기 위해 또 다른 EMA를 사용해야 할까?

12일 EMA에서 26일 EMA를 뺌으로써 구하는 MACD선은 실제 가격(과 그 이동 평균선)의 추세를 앞서 나간다는 특징이 있다. 따라서 MACD가 상승 추세에 있는지 아니면 하락 추세에 있는지를 알면 실제 가격의 추세를 명확히 파악할 수 있다.

그렇다면 문제는 어떻게 해야 MACD 자체의 추세를 알 수 있느냐인데, MACD의 이동 평균선을 사용해서 양자의 골든크로스나 데드크로스를 나타내면 MACD 자체의 방향이나 피크아웃을 명확히 할 수 있지 않겠느냐는 아이디어가 나왔다. 그리고 시행착오를 거친 결과 MACD 의 9일 이동 평균선(EMA)이 그 선이 되었다. 이것이 바로 시그널이다 (도표5-5).

시그널과 MACD의 관계를 정리하면, MACD와 그 이동 평균선인 시 그널의 골든크로스가 발생하면 MACD가 상승하고 있다는 의미이므로 가격이 상승할 것임을 암시한다고 생각할 수 있다. 반대로 데드크로스 가 발생했을 때는 MACD가 하락하고 있다는 뜻이므로 가격이 하락할 것임을 암시한다고 생각할 수 있다.

도표5-5 시그널을 이용해 MACD의 추세를 찾아낸다

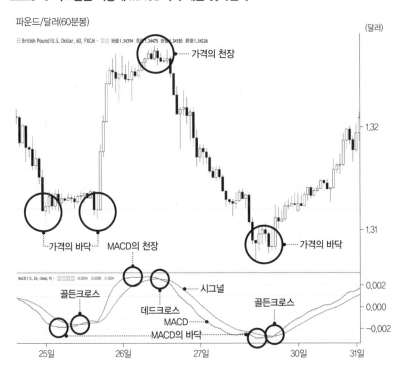

파운드/달러(60분봉)

히스토그램을 추가하면
종합적인 MACD가 완성된다

사실 MACD에는 또 하나의 중요한 요소인 '히스토그램'을 넣는 것이 일반적이다. 히스토그램은 다음과 같은 계산식으로 구한다.

히스토그램 ＝ MACD － 시그널

이 계산식을 보면 알 수 있듯이, 히스토그램은 MACD와 시그널의 간격을 나타낸다.

본래 MACD는 12일 EMA와 26일 EMA의 괴리를 보기 위한 것으로, 두 EMA의 골든크로스나 데드크로스를 봄으로써 한발 빠르게 매수 기회나 매도 기회를 찾아내는 도구다. 그리고 그 MACD가 상승하고 있는지 하락하고 있는지를 쉽게 알 수 있도록 도와주는 것이 시그널이다.

한편 히스토그램은 MACD와 시그널의 간격을 보기 위한 것이므로

도표5-6 히스토그램은 MACD의 움직임을 예측한다

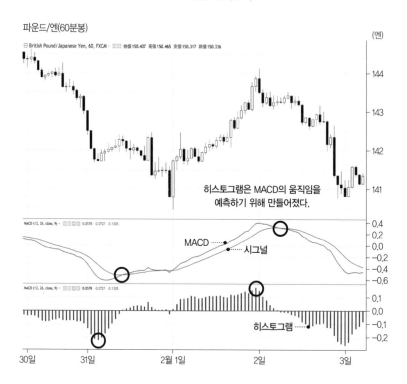

파운드/엔(60분봉)

(엔)

히스토그램은 MACD의 움직임을
예측하기 위해 만들어졌다.

MACD의 방향성을 더욱 빠르게 예측하는 데 도움이 될 수 있다.

　히스토그램은 막대그래프로 표현하는 것이 일반적이다. 이것도 제
로 값을 중심으로 위는 플러스 값, 아래는 마이너스 값으로 표시된다
(도표5-6). 마이너스 값에서 제로 값으로 향하는 국면에는 시그널의 아
래에 위치해 있던 MACD가 시그널에 가까워지며, 그것이 제로 값이 된
부분이 시그널과 MACD의 골든크로스가 된다. 그리고 플러스 값이 상
승하는 국면은 MACD가 시그널을 웃도는 국면이다.

도표5-7 MACD는 가격 차트의 하부에 표시하는 것이 일반적

뉴질랜드 달러/엔(5분봉)

플러스 값에서 제로 값으로 향하는 국면에는 시그널의 위에 위치하고 있던 MACD가 시그널에 가까워지며, 그것이 제로 값이 된 부분이 시그널과 MACD의 데드크로스가 된다. 그리고 마이너스 값이 하락하는 국면은 MACD가 시그널을 밑도는 국면이다.

이 히스토그램을 추가하면 종합적인 MACD가 완성된다(도표5-7).

지금까지 설명한 것을 정리하면 다음과 같다.

- 가격의 움직임을 시장에 참가한 트레이더의 감각에 맞춰서 평준화하고, 추세를 쉽게 알 수 있도록 두 개의 EMA를 사용한다.
- 그 두 EMA의 위치 관계나 괴리 상황을 예측하는 데 유용한 것이 MACD.
- MACD의 방향성을 명확히 하기 위해 추가된 것이 시그널(MACD의 9일 EMA).
- 시그널의 움직임을 예측하기 위해 추가된 것이 히스토그램.

본래의 목적은 어디까지나 가격의 움직임(현재의 추세)이 어떠한지를 읽어내는 것이다. 그런 움직임을 명확히 하기 위한 도구로서 히스토그램까지 추가한 종합적인 MACD를 사용하는 것이 중요하다. 그러므로 가령 MACD와 시그널, 혹은 히스토그램만으로 매매를 판단하는 것은 본말전도다. 어디까지나 현재의 시황을 쉽게 알기 위한 도구일 뿐이라고 생각하자.

대순환 MACD는 네 개의
요소로 구성되어 있다

지금까지 MACD에 관해 자세히 설명했는데, 이것을 제3장에서 설명한 이동 평균선 대순환 분석과 조합해 현재의 시황을 판단하는 방법이 바로 '대순환 MACD'다. 즉, 이동 평균선 대순환 분석을 더욱 진화시킨 분석 수법이다. 이동 평균선 대순환 분석이 누구나 매매 타이밍을 알 수 있도록 만든 지표라면, 대순환 MACD는 중상급자용 지표라고 할 수 있다.

그렇다면 구체적으로 무엇이 다를까? 이동 평균선 대순환 분석은 거대한 추세를 파악해 이익을 내기 위한 도구인 데 비해, 대순환 MACD는 거대한 추세는 물론이고 작은 추세도 놓치지 않고 이익을 내는 데 그 진가가 있다.

도표5-8은 대순환 MACD를 표시한 화면인데, 네 개의 요소로 구성되어 있다.

도표5-8 대순환 MACD

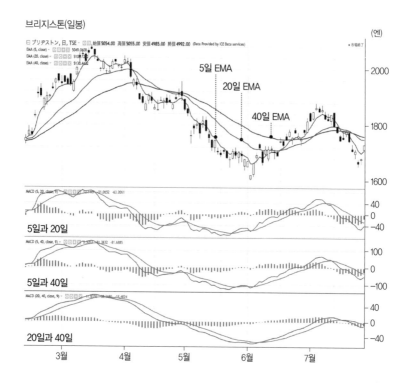

브리지스톤(일봉)

(엔)

첫째는 이동 평균선 대순환 분석이다. 이것은 제3장에서 자세히 설명한 그대로인데, 다만 세 이동 평균선으로 SMA가 아닌 EMA를 사용했다. 매개변수는 이동 평균선 대순환 분석과 마찬가지로 5일, 20일, 40일이다(일봉 이외의 차트라면 5단위, 20단위, 40단위가 된다).

그리고 세 종류의 MACD를 사용했다. 세 MACD를 겹쳐서 표시하므로 편의상 MACD(상), MACD(중), MACD(하)라고 하자. 이 세 MACD의 매개변수는 다음과 같다.

MACD(상)＝5·20·9

MACD(중)＝5·40·9

MACD(하)＝20·40·9

매개변수의 5, 20, 40은 각각 5(단기선), 20(중기선), 40(장기선)이라고 생각한다. 또한 9는 시그널을 계산하기 위한 매개변수다.

이 세 MACD는 무엇을 나타낼까? 본래 MACD는 서로 다른 두 매개 변수를 가진 EMA의 간격을 보기 위한 것이다. 따라서 가령 MACD(상) 의 5과 20은 5일 EMA와 20일 EMA의 간격이다. 그렇다면 왜 상, 중, 하 라는 세 개의 MACD가 필요할까? 앞에서 이야기했듯이, MACD에는 두 EMA의 골든크로스와 데드크로스를 예측할 수 있다는 성질이 있다. 골든크로스든 데드크로스든 두 이동 평균선의 간격이 축소되어서 발 생하므로 두 이동 평균선의 간격을 보는 것이 예측을 위한 자료가 된 다. 이런 MACD의 특징을 살려서 '이동 평균선 대순환 분석의 스테이 지 변화를 예측하기 위해' 세 개의 MACD가 있다고 생각하면 된다.

이동 평균선 대순환 분석과
대순환 MACD의 관계

종합적인 MACD가 아니라 시그널과 히스토그램을 제외한 MACD 만을 사용해서 대순환 MACD와 이동 평균선 대순환 분석의 관계를 재확인해 보자.

도표5-9에서 대순환 MACD와 이동 평균선 대순환 분석의 관계를 보기 바란다. 차트는 5일 EMA(단기선), 20일 EMA(중기선), 40일 EMA(장기선)의 순서로 나열된 제1스테이지부터 시작된다.

먼저 단기선과 중기선의 데드크로스가 발생해 제2스테이지가 되었다. 이때 MACD(상)이 제로 라인을 위에서 아래로 교차했음을 알 수 있다. 즉, MACD(상)의 움직임을 지켜봤다면 제2스테이지로 변화할 것을 예측할 수 있었다는 말이다.

이어서 단기선과 장기선의 데드크로스가 일어나 제3스테이지가 되었다. 이때 MACD(중)이 제로 라인을 위에서 아래로 교차했음을 알 수

도표5-9 대순환 MACD와 이동 평균선 대순환 분석의 관계

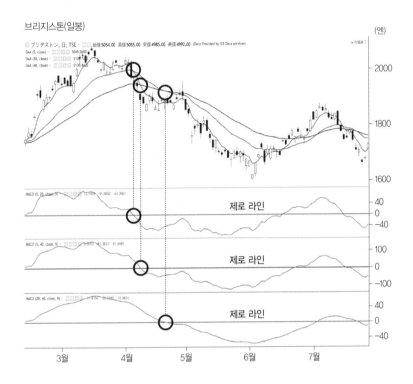

있다. 즉, MACD(중)의 움직임을 지켜봤다면 제3스테이지로 변화할 것을 예측할 수 있었다는 말이다.

다음에는 중기선과 장기선의 데드크로스가 일어나 제4스테이지가 되었다. 이때 MACD(하)가 제로 라인을 위에서 아래로 교차했음을 알수 있다. 즉, MACD(하)의 움직임을 지켜봤다면 제4스테이지로 변화할 것을 예측할 수 있었다는 말이다.

대순환 MACD로 판단하는
'매수'의 타이밍

지금부터는 대순환 MACD를 사용해 매매 타이밍을 잡는 방법에 관해 조금 더 자세히 설명하겠다. '통상 주문(본매매)', '조기 주문', '선발대'의 타이밍은 도표5-10과 같다.

통상 주문의 조건은 다음과 같다(이동 평균선 대순환 분석의 제1스테이지의 상승 추세를 노릴 경우).

① 제6스테이지
② 세 개의 MACD가 우상향

제6스테이지는 단기의 EMA가 띠를 돌파해 위로 올라간 상태다. 이때 세 MACD가 우상향이라면 그다음 단계인 제1스테이지로 이행할 것도 거의 확실시된다. 그리고 세 MACD가 우상향이라는 사실은 상승 추

도표5-10 니치레이의 일봉 차트(2014년 10월~2015년 3월)

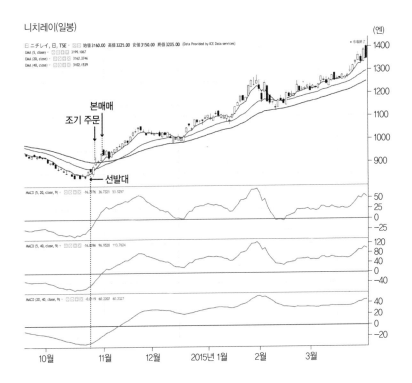

세도 그 뒤로 한동안 계속되리라고 판단할 수 있게 해 준다.

다음은 조기 주문이다. 통상 주문보다 이른 단계에 주문을 넣음으로써 이익의 최대화를 노린다. 다만 이른 단계에 주문을 넣는 이상 오신호를 만날 위험성도 있다는 점은 염두에 두기 바란다.

조기 주문의 조건은 다음과 같다.

① 제5스테이지

② 세 개의 MACD가 우상향

통상 주문의 조건과 비교하면 알 수 있지만, 통상 주문과 다른 것은 스테이지뿐이다.

또한 대순환 MACD에서도 선발대를 실행할 수 있다. 선발대를 실행할 때의 조건은 다음과 같다.

① 제4스테이지

② 세 개의 MACD가 우상향

이것도 스테이지만 다를 뿐 통상 주문과 같은 조건이다. 다만 제4스테이지에서의 선발대는 가격이 띠를 돌파하지 못하고 다시 하락해 오신호가 될 가능성이 크므로 신중하게 결정해야 한다. 포인트는 MACD(하)의 명확한 상승을 확인하는 것이다. 또한 선발대이므로 보통보다 적은 수량만 주문하는 것도 잊지 말기 바란다.

대순환 MACD로 판단하는
'매도'의 타이밍

매도에 관해서도 살펴보자. '통상 주문', '조기 주문', '선발대'의 타이밍은 도표5-11과 같다.

통상 주문의 조건은 다음과 같다(이동 평균선 대순환 분석의 제4스테이지의 하락 추세를 노릴 경우).

① 제3스테이지
② 세 개의 MACD가 우하향

제3스테이지는 단기의 EMA가 띠를 돌파해 아래로 내려간 상태다. 이때 세 MACD가 우하향이라면 그다음 단계인 제4스테이지로 이행할 것도 거의 확실시된다. 그리고 세 MACD가 우하향이라는 사실은 하락 추세도 그 후 한동안 계속되리라고 판단할 수 있게 해 준다.

도표5-11 미쓰비시 중공업의 일봉 차트(2015년 5월~10월)

미쓰비시 중공업(일봉)　　　　　　　　　　　　　　　　　　　　(엔)

조기 주문

본매매

선발대

다음은 조기 주문이다. 통상 주문보다 이른 단계에 주문을 넣음으로써 이익의 최대화를 노린다. 다만 이른 단계에 주문을 넣는 이상 오신호를 만날 위험성도 있다는 점은 염두에 두기 바란다.

조기 주문의 조건은 다음과 같다.

① 제2스테이지

② 세 개의 MACD가 우하향

통상 주문과 다른 것은 스테이지뿐이다.

또한 매도의 경우도 선발대를 실행할 수 있다. 선발대를 실행할 때의 조건은 다음과 같다.

① 제1스테이지
② 세 개의 MACD가 우하향

이것도 스테이지만 다를 뿐 통상 주문과 같은 조건이다. 다만 제1스테이지에서의 선발대는 가격이 띠를 돌파하지 못하고 다시 상승해 오신호가 될 가능성이 크므로 신중해야 한다. 포인트는 MACD(하)의 명확한 하락을 확인하는 것이다. 또한 선발대이므로 보통보다 적은 수량만 주문하는 것도 잊지 말기 바란다.

청산(이익 확정, 손절)에 관하여

트레이딩의 기본은 이동 평균선 대순환 분석과 같아서, 제1스테이지와 제4스테이지의 추세를 최대한 활용하는 것이 목적이다. 스테이지가 변화한 것을 본 뒤에 청산 주문을 넣으면 너무 늦기 때문에 대순환 MACD를 사용하는 것이므로, 청산을 할 때도 대순환 MACD가 가르쳐 주는 '조짐'을 활용한다.

히스토그램이 천장(혹은 바닥)을 찍고 하락(혹은 상승)으로 전환하면 청산을 준비한다. 이 타이밍에 포지션의 일부를 빠르게 청산하는 전략도 나쁘지는 않지만, 오신호를 만나는 경우도 종종 발생한다. 그러므로 이른 청산을 '검토한다.'는 정도의 마음가짐으로 충분할 것이다. 실제 청산은 MACD의 피크아웃을 확인한 뒤에 해도 충분하다. 그때는 포지션의 절반을 청산한다고 생각하자. 나머지 절반은 MACD와 시그널의 교차가 발생했을 때 청산한다.

・청산의 판단

① 히스토그램의 피크아웃을 보고 검토한다.

② MACD의 피크아웃을 확인했다면 포지션의 절반을 청산한다.

③ MACD와 시그널의 교차가 발생했다면 나머지 포지션도 전부 청산한다.

한편, 신호를 보고 포지션을 취했는데 그것이 오신호여서 손절로 청산하는 상황도 당연히 생각할 수 있다. 가령 매수 신호를 확인하고 매수 포지션을 취했는데 얼마 후 가격이 반락해 이전의 저가를 뚫고 더 아래로 내려갔다면 사실은 바닥을 친 것이 아니었다는 의미가 된다. 반대로 매도 포지션을 취했는데 얼마 후 가격이 반등해 이전의 천장을 뚫고 올라갔다면 사실은 천장을 찍은 것이 아니었다는 의미가 된다.

그럴 경우 손절하는 라인은 '직전의 바닥(혹은 천장)'으로 설정한다. 지금까지 여러 번 언급했듯이, 1회 1회의 매매 신호는 절대적인 것이 아니다. 따라서 오신호를 만났다면 담담하게 자신이 오판했음을 인정하고 그 시점에 트레이딩을 종료시킨 뒤 다음의 신호에 대비한다.

이때 포지션을 취한 지점에서 직전의 바닥(혹은 천장)까지 가격 폭이 어느 정도 있다면 기다릴 필요는 없다. 자신이 적당하다고 생각하는 가격 폭을 정하고 그 가격을 손절 라인으로 설정한다.

移動平均線 究極の読み方・使い方

제6장

자금 관리와 리스크 관리

파산하지 않을 포지션을
갖는 것이 중요하다

지금까지 이동 평균선 대순환 분석과 대순환 MACD를 사용해 트레이딩의 에지, 즉 매매 타이밍을 잡는 방법에 관해 설명했다. 그러나 트레이딩에서 가장 중요한 일은 최적의 매매 타이밍을 잡는 것이 아니다. 바로 파산하지 않는 것이다. 파산만 하지 않는다면 언제라도 다시 도전할 수 있으며, 언젠가는 이익을 올릴 기회도 찾아온다.

그렇다면 트레이딩에서 '파산'이란 무엇일까? 물론 진정한 의미의 파산은 자신의 재산을 전부 날리고 개인 파산 신청을 해야 할 정도의 손실을 입는 것이다. 그러나 일반적으로 트레이딩에서 파산이라고 하면 투자 자금의 대부분을 잃어버려 두 번 다시 시장으로 돌아오지 못하는 상태를 가리킨다.

그렇게 되지 않으려면 어떻게 해야 할까? 무엇보다 중요한 일은 트레이딩의 규칙을 만드는 것이다. 이 책에서는 주문을 넣고 청산하기 위한 규칙으로 이동 평균선 대순환 분석과 대순환 MACD를 소개했다. 그러나 트레이딩의 규칙은 주문을 넣고 청산을 할 때만 필요한 것이 아니다. 가장 중요한 것은 자금 관리를 위한 규칙이다. 올바른 자금 관리야말로 트레이딩으로 파산하지 않기 위한 첫걸음이다.

가령 수중에 자금이 1,000만 엔 있는데 그중에서 5만 엔만을 증거금으로 맡기고 FX 트레이딩을 했다고 가정하자. 이만큼 자금적으로 여유가 있는 포지션을 취한다면 파산할 일은 거의 없다. 그러나 1,000만 엔의 자금 중에서 고작 5만 엔만을 증거금으로 사용해서 10만 엔의 이익을 냈다 한들 이것을 정말 올바른 리스크 관리라고 말할 수 있을까? 성공한 트레이딩이라고 말할 수 있을 리도 없다. 자금적으로 지나치게 여유 있는 포지션을 취하는 것은 '최대한의 자금 효율을 지향한다.'라는 관점에서 올바른 방법이 아니다.

반대로 1,000만 엔 전액을 증거금으로 25배의 레버리지를 걸어 2억 5,000만 엔의 포지션을 갖는 것은 어떨까? 이렇게 하면 가격이 조금만 변동해도 증거금의 대부분이 날아가 버려 파산의 위기에 몰릴 우려가 있다.

자금 효율을 최대한으로 추구하면 그만큼 파산의 리스크는 커지지만, 트레이딩에 성공하면 막대한 수익을 얻을 수 있다. 반면에 최대한 안전성을 높이면 수익은 최소한에 머물게 된다. 자금 관리의 요체는 '파산하지 않을 정도의 리스크를 짊어지는 가운데 그 범위에서 최대한 높은 수익을 추구하기 위해서는 어떻게 해야 하는가?'에 있다.

그렇다면 구체적으로 어떻게 해야 자금 관리를 잘할 수 있을까? 터틀스의 트레이딩 수법을 오랫동안 연구해 온 나는 그 수법을 현대의 시장에 맞게 변형시킨 방법으로 자금을 관리하고 있다. 그 자금 관리는 다음과 같은 순서를 거친다.

① 거래하려는 종목의 가격 동향을 파악한다.
② 자신이 투자에 사용할 수 있는 자금(투자용 자금)을 정확히 파악한다.
③ 이것을 바탕으로 그 종목의 1회 거래량을 결정한다.

이렇게 해서 산출한 '어떤 종목의 1회당 적정 거래량'을 터틀즈는 '유닛'이라고 불렀다. 지금부터 이에 관해 자세히 설명하겠다.

터틀스에 관해

내가 투자의 세계에 발을 들여놓았을 무렵, '투기꾼의 시대에서 트레이더의 시대로' 변화하고 있던 업계에서는 '터틀스의 대실험'이 주목을 모았다.

콩 선물 거래로 거대한 부를 쌓은 미국의 초거물 트레이더 리처드 데니스는 자신의 절친한 벗인 윌리엄 에크하르트와 어떤 내기를 했다. 두 사람은 '우수한 트레이더는 타고난 재능이 있어야 하는가, 아니면 교육으로 키워낼 수 있는가?'라는 문제를 놓고 논쟁을 벌였는데, 데니스는 교육으로 키워낼 수 있다고 주장했고 에크하르트는 타고나야 한다고 주장했다. 결국 두 사람은 이 논쟁의 결론을 내기 위해 신문에 광고를 내 젊은이 32명을 모았다. 그리고 데니스가 2주일이라는 짧은 기간 동안 트레이딩의 마음가짐, 구체적인 주문·청산 규칙, 자금 관리 수법을 가르치고 1개월의 예비 트레이딩을 거쳐서 수 명을 선발한 뒤 52만 달러에서 200만 달러의 자금을 주고 실제로 시장에서 트레이딩을 시켰다.

이들이 바로 '터틀스(거북이들)'다.

전 세계의 주목을 모은 이 실험은 5년 후에 끝났는데, 터틀즈는 합쳐서 1억 7,500만 달러의 수익을 올렸다. 요컨대 교육을 통해서 우수한 트레이더를 키워낼 수 있었던 것이다.

유닛이라는 개념

터틀스는 1회의 트레이딩에서 짊어질 수 있는 리스크의 양을 구체적으로 명시했다. '1회의 트레이딩에서 허용할 수 있는 손실의 최대 상한은 투자에 사용할 수 있는 자금(투자용 자금)의 1퍼센트'라는 규칙을 세운 것이다. 가령 투자용 자금이 1,000만 엔이라면 트레이딩 1회당 허용되는 손실의 최대 상한, 즉 리스크 허용량은 1,000만 엔의 1퍼센트인 10만 엔까지가 된다. 다음에는 여기에서 역산해, 자신이 트레이딩의 대상으로 삼는 종목에 관해 '트레이딩 1회당 최대 손실액이 10만 엔이 되는 포지션의 총량은 얼마인가?'를 계산한다. 이 총량이 유닛이라는 개념이 된다.

유닛을 계산하기 위해서는 투자에 사용할 수 있는 자기 자금의 액수와 ATR이라는 숫자가 필요하다. ATR은 'Average True Range'의 약자로, '며칠분의 평균을 내서 얻은 1일당 최대 가격 변동폭'이라고 생각하

도표6-1 전일에서 당일의 '가장 큰 가격 변동폭'을 계산한다

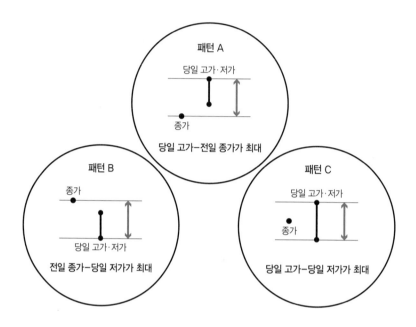

면 된다.

먼저 다음의 A~C를 계산한다. 여기에서 구하려는 것은 1일당 최대 가격 변동폭이다(도표6-1). 바꿔 말하면 전날의 종가에서 당일의 종가에 이르는 가격 폭 중에서 최대가 되는 것은 무엇이냐.

A = 당일 고가 − 전일 종가

B = 전일 종가 − 당일 저가

C = 당일 고가 − 당일 저가

그 숫자는 A, B, C 가운데 가장 큰 것이다. 그것이 그날의 최대 리스크, 즉 TR이라고 생각한다.

다음에는 이것의 평균값을 낸다. 보통은 20일(약 1개월)의 평균값을 구해서 ATR로 삼는다.

유닛은 이 숫자를 사용해서 다음과 같은 방법으로 계산한다.

① 투자용 자금의 1퍼센트를 계산한다.······A

② 그 종목을 최소 단위로 거래했을 때의 1트레이딩당 리스크를 계산한다.······B

③ 유닛＝A÷B

그러면 이 식에 실제 숫자를 대입해 보자. 거래 대상은 달러/엔이며, 전제로서 필요한 숫자는 다음과 같다.

• 투자용 자금＝1,000만 엔

• ATR＝90전(0.9엔)

• 트레이딩의 최소 단위＝1만 통화

여기에서 먼저 투자용 자금의 1퍼센트를 계산한다.

1,000만 엔×1%＝10만 엔

다음에는 1트레이딩당 리스크를 계산한다. 계산식은 다음과 같다.

거래 단위×ATR

이 경우에 아래의 값이 나온다.

1만 통화×0.9＝9,000엔

이를 바탕으로 '1회의 트레이딩에서 입을 가능성이 있는 손실액을 10만 엔 이내로 억제할 수 있는 포지션량'을 구하면 아래와 같다.

1유닛＝10만 엔÷9,000엔＝11.11……

즉, 11만 통화 단위를 1회당 포지션량(＝1유닛)으로 삼아도 괜찮음을 알 수 있다. 가령 달러/엔의 경우는 11만 달러가 1유닛이다. 유로/엔, 영국 파운드/엔 등 다른 통화쌍의 경우는 각각의 통화에 따라 ATR이 다르므로 1유닛이 되는 포지션량도 달라진다.

이 방법을 사용하면 어지간히 이례적인 가격 변동이 발생하지 않는 한 1회의 트레이딩에서 짊어지는 리스크를 과거 1개월 동안의 평균값으로 억제할 수 있다.

리스크를 분산하는 방법

　터틀스는 이와 같은 유닛 계산을 기반으로 트레이딩을 했지만, 결과적으로 10유닛의 리스크를 감수하기도 했다. 1유닛당 최대 리스크가 1퍼센트라면 10유닛은 10퍼센트의 리스크를 짊어지게 된다. 이것을 '리스크가 높다.'고 느끼느냐 '대단한 리스크가 아니다.'라고 느끼느냐는 사람에 따라 다를 것이다. 그러나 자금 관리를 할 때는 트레이딩 1회당 적정한 거래량을 결정하는 것, 즉 유닛 단위의 개념을 도입하는 동시에 '적정한 합계 거래량을 확정하는' 것도 생각해야 한다.

　물론 1유닛의 거래를 하고 그 후에 아무것도 하지 않는 사람도 있겠지만, 역시 처음에 포지션을 취한 뒤 새로운 기회가 찾아오면 포지션을 더 늘리자고 생각하는 사람이 많을 것이다. 유닛을 통한 자금 관리는 이런 심리를 부정하는 것이 아니다. 다만 최적의 거래량을 가시화하고 그것을 파악하는 것은 중요하다.

구체적으로, 종목을 분산시켰을 경우에 적정하다고 생각하는 최대 거래량은 다음과 같다.

① 동일 종목은 4유닛까지

② 상관관계가 높은 종목은 6유닛까지

③ 상관관계가 낮은 종목은 10유닛까지

④ 매수 포지션과 매도 포지션을 합쳐서 12유닛까지

그러면 ①부터 ④에 관해 간단히 설명하겠다.

① 동일 종목은 4유닛까지

가령 미국 달러/엔에서 1유닛의 매수 포지션을 취했다고 가정하자. 그 후 기회가 찾아오면 누구나 포지션을 늘리려고 생각할 것이다. 물론 그것은 나쁘지 않지만, 터틀스는 동일 종목에서 포지션을 늘릴 경우 4유닛까지만 늘릴 수 있다고 결정했다. 자신이 아무리 확실하다고 생각해도 시장은 반대 방향으로 나아갈 때가 있기 때문이다. 그 불확실성이 있는 한 규칙을 정해서 일정 수준 이상 양을 늘리지 않도록 억제할 필요가 있다.

② 상관관계가 높은 종목은 6유닛까지

상관관계가 높다는 말은 복수의 다른 종목의 가격이 거의 같은 방향으로 움직인다는 의미다. 즉, 상관관계가 높으면 복수의 종목을 보유하고 있더라도 분산 효과(전체적으로 리스크를 억제하는 효과)를 기대할 수 없다. 따라서 호주 달러/엔과 뉴질랜드 달러/엔처럼 상관관계가 높은 종목의 경우, 가령 호주 달러/엔을 4유닛 보유했다면 뉴질랜드 달러/엔은 2유닛까지만 보유할 수 있다.

③ 상관관계가 낮은 종목은 10유닛까지

상관관계가 낮다는 말은 복수의 다른 종목의 가격이 따로따로 움직인다는 의미다. 예를 들어 A의 가격이 오르면 B의 가격은 내리는 식이므로, 상관관계가 낮은 복수의 종목을 보유하면 분산 효과를 기대할 수 있다. 따라서 이 경우는 유닛 수를 늘려서 투자하더라도 전체적인 리스크 억제가 가능하다고 생각할 수 있다.

④ 매수 포지션과 매도 포지션을 합쳐서 12유닛까지

가령 주식 투자를 할 경우, 종목이 다르다 해도 매수 포지션과 매도 포지션은 보통 어느 정도 리스크 헤지를 할 수 있는 관계에 있다. 따라서 유닛 수를 늘려서 투자하더라도 전체적인 리스크 억제가 가능하다고 생각할 수 있다.

손절을 어떻게 할 것인가?(1)

리스크 관리의 요체는 손절에 있다. 손절은 시장이 자신의 생각과는 반대 방향으로 움직였을 때 사전에 정해 놓았던 최대 손실액을 넘어서지 않도록 일정 수준에 도달하면 처분하는 것이다.

왜 손절 라인이 필요할까? 손실을 보고 있을 때 나타나는 인간의 심리적인 약점을 보완하기 위해서다. 트레이딩 경험이 있는 사람은 실감하겠지만, 미실현 손실을 안고 있으면 '이대로 계속 갖고 있다 보면 언젠가 가격이 회복되어서 손실을 복구할 수 있지 않을까?'라는 근거 없는 기대감을 품기 쉽다. 근거라고는 하나도 없지만 그저 손해를 보는 것이 싫기 때문에 '언젠가는 원래의 가격으로 회복될 거야.'라고 믿어버리는 것이다. 그러나 보통은 가격이 원래의 수준으로 돌아가기는커녕 더욱 의도하지 않은 방향으로 움직여서 손실이 커지는 경우가 많다.

여기에서 핵심은 '자신의 의지로 손절하기는 어렵다'는 것이다. 그렇기에 미리 '이렇게 되면 손절한다.'라고 결정해 놓고 그 조건이 갖춰지면 기계적으로 손절할 필요가 있다. 이것이 리스크를 관리할 때 손절라인을 설정하는 것이 중요한 이유다.

그렇다면 구체적인 손절 라인을 어떻게 정해야 할까? 가장 큰 문제는 어떤 수준으로 손절 라인을 설정하느냐다.

손절 라인을 설정할 때의 기본적인 발상은 두 가지다. 첫째, 일시적으로 하락했더라도 추세가 계속되고 있다면 손절하지 않고 참는다. 둘째, 추세가 끝났다면 빠르게 처분한다.

여기에서 난점은 위의 두 가지가 완전히 반대의 이야기를 한다는 것이다. '일시적으로 하락했더라도 추세가 계속되고 있다면 손절하지 않고 참는다.'를 실천하려면 손절 라인을 최대한 깊은 곳에 설정할 필요가 있다. 반면에 '추세가 끝났다면 빠르게 처분한다.'는 그때까지의 수익이 줄어들지 않도록 빨리 처분할 필요가 있다는 뜻이므로 손절 라인을 최대한 얕게 설정할 필요가 있다. 요컨대 '앞으로도 추세가 계속될지 아니면 추세가 전환되었는지를 판단하는 지점은 이곳이다.'라는 포인트에 손절 라인을 설정해야 한다는 말이다(도표6-2).

도표6-2 추세가 전환되었다면 빠르게 손절하는 것이 철칙

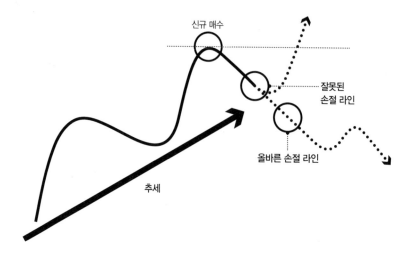

신규 매수

잘못된
손절 라인

올바른 손절 라인

추세

손절을 어떻게 할 것인가?(2)

추세가 계속될지 아니면 끝났는지를 간파하기 위해서는 추세와 노이즈의 관계를 확실히 파악해 놓아야 한다. 추세는 가격의 상승 혹은 하락이라는 방향성을 명확히 보여준다. 다만 실제로 가격이 변동하는 모습을 보면 알 수 있듯이, 가격은 추세를 따르면서도 끊임없이 오르내리기를 반복하기 때문에 단순하지가 않다(도표6-3). 상승 추세가 계속되고 있어서 아직 더 오를 터임에도 빨리 팔고 싶어 하는 투자자가 있는가 하면, 하락 추세가 계속되고 있어서 아직 더 떨어질 터임에도 빨리 사고 싶어 하는 투자자 또한 있기 때문이다. 이처럼 투자자마다 생각이 다양하기에 가격은 끊임없이 오르내리기를 반복하는데, 그 결과 어떤 추세를 형성하는 가운데 발생하는 가격의 흔들림을 노이즈라고 한다.

포인트는 이 노이즈의 폭이다. 어디까지나 추세가 계속되는 가운데

도표6-3 가격의 움직임은 파형이기 때문에 반드시 노이즈를 동반하며 추이한다

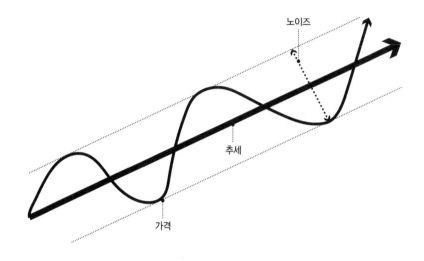

발생하는 노이즈라면 가격 변동의 폭은 일정 범위에 수렴한다. 이 범위
내의 가격 변동이라면 설령 자신이 보유한 포지션과 반대의 방향으로
가격이 움직였더라도 참고 기다릴 필요가 있다. 아직 추세가 계속되는
중이라고 생각할 수 있으므로 계속 보유하고 있으면 언젠가 가격의 움
직임이 추세를 따르는 방향으로 복귀할 가능성이 더 크기 때문이다.

그런데 가격이 이 노이즈의 범위를 넘어서 반대 방향으로 움직였다
면 그때는 추세가 전환되었을 가능성이 있다. 이럴 경우는 자신이 생각
했던 것과 다른 추세에 돌입했다는 의미이므로 예상이 틀렸음을 순순
히 인정하고 손절해야 한다.

그렇다면 노이즈인지 아닌지를 나누는 경계선은 무엇일까? 터틀스
는 손절에 관해 '각 종목의 노이즈는 2ATR 이하다.'라는 결론을 내렸

다. 어떤 국면에서든 가격이 하루의 최대 가격폭인 ATR의 두 배나 움직였다면 그것은 이미 노이즈가 아니라 완전한 추세 전환이라는 인식이다. 노이즈인지 아닌지를 나누는 경계선의 기준을 2ATR로 정했다면 그 폭을 넘어서는 가격 변동이 있을 경우 손절해야 한다.

앞 섹션에서 소개한 방법과 이 섹션에서 소개한 방법 사이에는 겹치지 않는 부분도 있다. 어떤 발상을 우선할지는 각 종목의 가격 변동 패턴이라든가 일봉 등을 기반으로 한 장기 트레이딩(기본적으로는 앞 섹션의 방법) 중인지 데이 트레이딩 같은 단기 트레이딩(기본적으로는 이 섹션의 방법) 중인지 등을 고려해서 결정해야 한다.

移動平均線 究極の読み方・使い方

제7장

고지로 강사의 트레이딩 연습 '프랙티스'

트레이딩에는 올바른
순서가 있다

투자 연습이라고 하면 일반적으로는 모의 투자를 이야기한다. 이것은 실제로 변동되는 가격을 보면서 가상으로 '지금 산다.', '지금 판다.'는 결정을 한 다음 그 결과 '얼마의 이익을 냈는지', '얼마의 손실을 봤는지' 확인하는 것이다. 그러나 이 모의 투자에는 커다란 단점이 있다. 실제로 시간이 경과해야 결과가 나온다는 것이다.

그에 비해 나의 방법은 과거의 차트를 사용해서 연습한다는 게 다른 점이다. 과거의 가격을 사용하기에 오늘 하루 동안 1년분이라든가 2년분을 연습할 수도 있다.

투자뿐만 아니라 스포츠 등에도 공통되는 점이지만, 실력을 키우려면 연습이 반드시 필요하다. 이 책을 읽고 있는 여러분이 안정적으로 수익을 내는 투자자가 되고 싶다면 어떤 과정을 거치며 실력을 키워야할까? 그 과정을 정리한 것이 도표7-1이다.

도표7-1 트레이딩 실력을 키우기 위한 순서

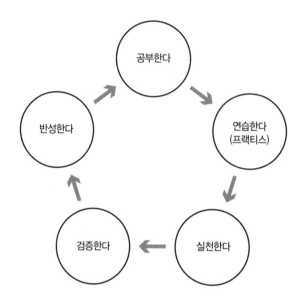

먼저, 제대로 된 이론을 '공부할' 필요가 있다. 이 책의 목적은 독자 여러분에게 필요한 지식을 확실히 가르쳐 주는 것이다. 그러나 이 책을 읽고 공부했다고 해서 당장 내일부터 수익을 내는 투자자가 될 수 있는 것은 아니다. 공부한 뒤에는 '연습'이 필요하다. 테니스도 골프도 마찬가지지만, 머리로 이해하는 것과 이해한 대로 똑같이 움직이는 것은 별개의 문제다. 이해한 대로 똑같이 움직이기 위한 연습을 나는 '프랙티스(practice)'라고 부른다.

프랙티스에서 좋은 성적을 냈다면 다음에는 소액이라도 좋으니 '실천하는 것', 즉 실제로 투자를 시작하는 것이 중요하다.

그리고 실제로 투자한 뒤에 자신의 투자 결과가 어떠했는지를 '검증할' 필요가 있다. '이익 확정은 잘했는가?', '손절은 잘했는가?' 이런 것을 검증해 보면 당연히 과제가 발견된다.

그다음에는 '반성'을 한다. 이때는 이 책을 다시 읽어 보기 바란다. 이 책에는 투자에 필요한 지식이 응축되어 있으므로 반드시 새로운 발견을 하게 될 것이다. 그렇게 다시 공부하는 것이다.

공부한다, 연습한다, 실천한다, 검증한다, 반성한다, 다시 공부한다, ……. 이 순환을 반복하면서 이 책을 최소 세 번은 읽기 바란다. 처음 읽을 때는 '이런 이야기구나.'라고 이해하고, 두 번째로 읽을 때는 '여기가 포인트구나.'라고 깨달으며, 세 번째로 읽을 때는 세세한 부분에 이르기까지 내가 전하고자 하는 바를 전부 이해할 수 있을 것이다. 물론 네 번, 다섯 번 읽으면 더욱 깊이 이해할 수 있다.

실제로 프랙티스를 해 보자

프랙티스를 하기 위해서는 일단 과거의 차트가 필요하다. 증권회사 등이 제공하는 차트 시스템 중에서 최대한 과거로 거슬러 올라갈 수 있는 것을 사용한다. 1년 전까지밖에 거슬러 올라갈 수 없는 차트 시스템으로는 순식간에 연습이 끝나 버리기 때문이다. 5년 혹은 10년 전으로 거슬러 올라갈 수 있는 차트 시스템이 좋고, 더 이전으로 거슬러 올라갈 수 있는 차트 시스템이라면 금상첨화다.

다음으로, 과거로 돌아가 그 시점부터 캔들스틱을 하나씩 살펴보며 나아갈 수 있는 차트 시스템이어야 한다. 어지간한 증권 회사의 시스템은 전부 가능할 것이다. 잘 모르겠으면 여러분이 이용하고 있는 증권 회사에 문의해 보는 것도 방법이다.

프랙티스를 실천할 때, 특히 다음과 같은 점에 주의하면 더욱 효과적이다.

- 자신이 모르는 과거로 거슬러 올라간다.
- 차트에서 가장 오른쪽을 근거로 판단한다.

이미 당시 가격이 어떻게 움직였는지 알고 있으면 '이때 팔면 된다.', '이때 사면 된다.'를 아는 상태에서 프랙티스를 하게 된다. 그런 일이 벌어지지 않도록 전혀 모르는 과거로 거슬러 올라가기를 바란다.

또한 차트에서 중요한 것은 가장 오른쪽이다. 왼쪽을 봐서는 과거밖에 알 수 없다. 차트에서 가장 오른쪽을 근거로 '사는 것이 좋을지', '파는 것이 좋을지', '이대로 관망할지'를 분석한다. 당연한 말이지만, 차트를 보고 미래를 전부 예측하는 건 불가능하다. 또한 안타깝지만 차트를 봐도 미래를 전혀 알 수 없는 시기도 많다. 그러나 이 책에서는 다양한 에지를 설명했다. 에지란 매수 포지션을 가진 쪽 혹은 매도 포지션을 가진 쪽이 유리해진 국면이므로 그 흐름이 계속될 가능성이 높다. 투자할 때는 이 에지를 근거로 예측이 적중하기도 하고 빗나가기도 하는 가운데 이익을 올려 나가는 것이 매우 중요하다.

프랙티스를 할 때 주의해야 할 포인트

이것도 당연한 점인데, '아무런 생각 없이 그저 연습만 하면 되는' 것은 아니다. '목적을 갖고 핵심을 파악하면서 연습하는 것'이 효과적임은 누구나 쉽게 상상할 수 있을 것이다.

프랙티스를 할 때는 다음과 같은 점을 의식하자.

- 박스 국면인지 추세 국면인지 파악한다.
- 추세 발생의 신호를 찾아낸다.
- 추세 종료의 신호를 찾아낸다.

투자에서 가장 중요한 일은 박스권 국면인지 추세 국면인지 파악하는 것이다. 그러므로 프랙티스를 할 때도 이 부분에 가장 힘을 쏟는다.

박스 국면은 횡보 상태를 의미한다. 횡보 추이를 보인다는 것은 매수 포지션을 가진 쪽과 매도 포지션을 가진 쪽의 힘이 팽팽히 맞서고 있다는 뜻이다. 매수 포지션을 가진 쪽이 잠시 힘을 냈으면 다음에는 매도 포지션을 가진 쪽이 잠시 힘을 낸다. 이것이 반복되는 상태가 박스 국면이다. 그리고 이 상태에서 균형이 무너져 매수 포지션을 가진 쪽이 유리해지면 상승 추세가 생기며, 매도 포지션을 가진 쪽이 유리해지면 하락 추세가 생긴다.

투자 성적이 좋지 않은 때를 보면 박스 국면에서 사고팔기를 반복하는 경우가 꽤 많다. 그러나 '사면 내리고', '팔면 오르는' 일이 벌어져 실패한다. 그러므로 박스 국면에서는 신규 주문을 줄이는 것이 매우 중요하다.

다음 포인트는 박스권을 벗어날 때, 즉 추세 발생의 신호를 찾아내는 것이다. 그리고 신호를 찾아냈다면 추세에 올라탄다. 추세가 이어지는 동안은 상승 추세라면 매수 포지션, 하락 추세라면 매도 포지션을 그대로 유지한다.

다만 추세는 언젠가 반드시 끝이 난다. 마지막 포인트는 차트에서 추세 종료의 신호를 찾아내는 것이다. 박스 국면인지 추세 국면인지 파악하고, 추세 발생과 종료의 신호를 찾아낸다. 실제 투자와 마찬가지로 이 부분에 힘을 쏟는 것이 프랙티스의 포인트이며, 투자에서 안정적으로 이익을 내기 위해 필요한 일이다.

'프랙티스 1,000개 노크'의
진행 방식

그렇다면 프랙티스를 얼마나 해야 박스 국면과 추세 국면을 분간하고 추세 발생의 신호와 추세 종료의 신호를 찾아낼 수 있을까?

기준은 1년분의 차트를 1,000번 연습하는 것이다. 나는 1년분의 차트를 연습하는 것을 야구의 노크(타구를 받는 수비 연습)에 빗대서 '1,000개 노크'라고 부른다. 1년분의 차트를 보면서 '이 지점에서 추세가 발생했구나.', '지금 사자.', '지금 팔자.'라고 결정하는 연습을 1,000회 실시하는 것이므로 1,000년분의 프랙티스를 하게 된다.

1,000년분이라고 하면 "저는 그렇게까지 오래 못 사는데요."라고 말하는 사람이 종종 있다. 그러나 1년분의 프랙티스에 걸리는 시간은 20분 정도다. 마음만 먹으면 하루에 5년분 혹은 10년분을 할 수 있다. 그렇게 생각하면 1,000회 연습도 그렇게 오래는 걸리지 않는다. 빠르면 1년, 길어야 2, 3년이면 달성할 수 있다.

물론 이렇게까지 하지 않고서는 절대 안정적으로 수익을 내는 투자자가 될 수 없는가 하면 그렇지는 않다. 다만 이 정도로 프랙티스를 하면 누구나 이런 것을 감각적으로 알 수 있게 된다. 그러면 예측이 적중하기도 하고 빗나가기도 하는 가운데 최종적으로는 수익을 내는 투자자가 될 수 있다.

여기에서는 주택 건설·판매 회사인 세키스이 하우스의 차트를 보면서 프랙티스 진행 방식을 설명하겠다. 도표7-2는 2010년 3월부터 10월까지의 일봉 차트다. 책에서 설명하는 것이다 보니 사정상 차트 전체를 보여줬지만, 실제로 프랙티스를 할 때는 2010년 3월(예제의 시작 지점)이 가장 오른쪽에 오도록 표시해 이후 가격이 어떻게 움직이는지 모르는 상태에서 시작하기를 바란다.

대부분의 투자자는 매일 고민한다. '내일이 되면 폭등하는 것은 아닐까?', '내일이 되면 폭락하는 것은 아닐까?' 같은 불안감을 느끼며, 그 불안 심리가 높아지면 '에라 모르겠다!'라며 감각에 의존해 투자 판단을 하고 만다. 그러나 이래서는 좋은 결과로 연결될 수가 없다. 포인트는 차트에서 보이는 신호를 근거로 판단하는 것이다.

이것을 철저히 하면 최근 반년(도표7-2) 동안에 포인트가 되는 부분, 즉 고민이 되는 상황은 크게 줄어든다. 그 포인트에 관해 설명하겠다.

먼저, 첫 번째 포인트는 상승 추세에서 하락 추세로 전환되는 국면이다(도표7-3). 처음에 제1스테이지였던 것이 ②에서 제2스테이지가 되고, ③에서 제3스테이지가 되었다. '이제 슬슬 하락 추세가 되는 것이 아닐까?'라고 생각하며 준비하는 단계가 제3스테이지다.

도표7-2 세키스이 하우스의 일봉 차트(2010년 2월~10월)

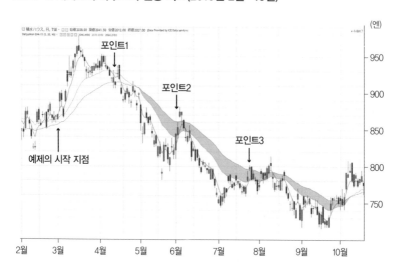

도표7-3 상승 추세에서 하락 추세로 바뀌는 국면

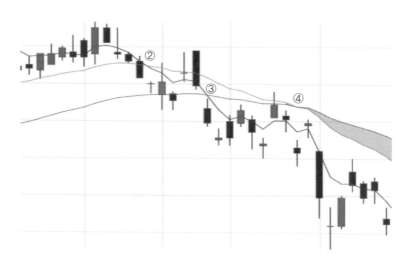

그리고 중기 이동 평균선과 장기 이동 평균선이 교차하며 ④에서 제 4스테이지가 된다. 띠의 색이 변하는 부분이다. 아래에서부터 단기·중기·장기의 순서이고 세 선이 우하향하고 있으므로 이곳이 기본적인 진입점, 매도 신호다.

이 지점에서 포지션을 취하면 제4스테이지가 계속되는 동안은 전혀 고민할 필요가 없다. 도중에 약간 상승할 때도 있겠지만 어쨌든 포지션을 유지한다.

도표7-4는 두 번째 포인트다. 매도 포지션을 취했고, ④와 같이 순조롭게 가격이 하락한다. 그러면 어딘가에서 가격이 띠 안으로 들어가는 상승이 나타난다. 이때가 신규 포지션을 취한 뒤 처음으로 고민해도 되는 부분이다.

도표7-4 하락 추세가 변화할 것인가, 변화하지 않을 것인가?①

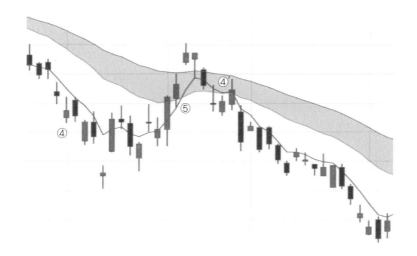

하락띠가 줄곧 계속되고 있다가 가격이 띠 안으로 돌입했다. 그러면 주의가 필요하다고 생각하며 준비한다. 그러는 사이에 단기 이동 평균선이 띠 안으로 돌입해 ⑤에서 제5스테이지가 된다. 고민해도 좋은 상황이지만, 종합적으로 판단하면 아직 참을 수 있다. '아직 참을 수 있는 상태'라고 판단해 포지션을 유지하는 사이에 단기 이동 평균선이 띠를 뚫고 내려가 ④′에서 제4스테이지로 돌아가며 하락 추세가 계속되었다. 이것은 '④⑤④의 일시적 반등'이라는 전형적인 일시적 반등의 형태다.

이렇게 해서 제4스테이지로 돌아가고, 이 스테이지가 계속되는 동안에는 고민할 필요가 전혀 없다. '필요가 없다.'라기보다는 오히려 제1스테이지나 제4스테이지이고 추세가 안정적인 상태일 때 고민해서는 '안 된다.'고 말하는 편이 좋을지도 모르겠다.

다음으로 고민해도 좋은 곳은 도표7-5의 상황으로, 이것이 도표7-2의 차트에서 세 번째 포인트다.

지금까지 ④처럼 제4스테이지에서 하락하고 있었던 가격이 띠에 접근한다. 띠에 접근하는 동안은 참을 수 있지만, 단기 이동 평균선이 띠 안으로 돌입해 ⑤에서 제5스테이지가 된다. 두 번째 포인트와 마찬가지로 여기까지는 아직 참을 수 있다. 그러자 ④′에서 제4스테이지로 돌아갔다. '④⑤④의 일시적 반등' 패턴이다. 그래서 더욱 하락할 것을 기대하며 참고 포지션을 유지한다. 그러나 ⑤′에서 다시 제5스테이지에 돌입하고 말았다. 이렇게 되면 참아야 할 상황이 아니므로 처분한다. 제5스테이지가 되었음을 확인한 시점에 처분한다.

도표7-5 하락 추세가 변화할 것인가, 변화하지 않을 것인가?②

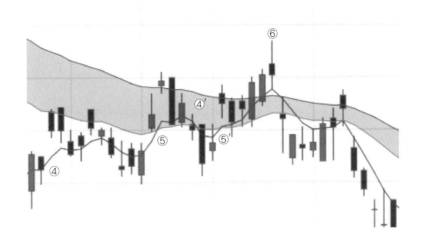

　그 후 ⑥에서 제6스테이지까지 갔다. 즉, 여기에서 더욱 상승해 중기 이동 평균선이 장기 이동 평균선 위로 올라가면 제1스테이지가 되어 상승 추세에 돌입한다. 그러나 실제로는 여기에서 다시 하락했다.

　결국 상승 추세에 돌입하지는 않았지만, 그것은 어디까지나 결과론이다. 따라서 ④⑤④′⑤′로 추이한 시점에 처분하는 것이 기본적인 신호가 된다.

　이처럼 너무 어렵게 생각할 필요 없이 '추세가 있는 부분'에서 기본을 따르는 거래를 하는 것이 중요하다. 물론 아무리 이 수법을 사용한들 추세가 순식간에 끝나서 이익을 내지 못하는 경우도 있다. 그러나 커다란 추세는 반드시 존재한다. 제1스테이지에서 쑥쑥 상승하고 제4 스테이지에서 쑥쑥 하락하는 상황은 반드시 있다. 그때 이익을 내면 종합적으로는 플러스가 된다.

이 예제에서는 이동 평균선 대순환 분석을 사용했지만, 이 책에서 소개한 대순환 MACD를 함께 사용하면 더욱 상급 트레이딩 테크닉이 되어 한 박자 빠르게 행동할 수 있다.

부디 이 책을 곁에 두고 확인하면서 프랙티스 1,000개 노크를 열심히 실천하기를 바란다. 1,000개 노크를 마치면 여러분은 안정적으로 수익을 내는 성공 투자자의 대열에 합류할 것이다.

이동 평균선 투자법

초판 1쇄 발행 2024년 5월 3일
　　9쇄 발행 2024년 12월 31일

지은이 고지로 강사
옮긴이 김정환

펴낸곳 ㈜이레미디어
전화 031-908-8516(편집부), 031-919-8511(주문 및 관리) | **팩스** 0303-0515-8907
주소 경기도 파주시 문예로 21, 2층
홈페이지 www.iremedia.co.kr | **이메일** mango@mangou.co.kr
등록 제396-2004-35호

편집 임지선, 이병철 | **디자인** 유어텍스트
마케팅 김하경 | **재무총괄** 이종미 | **경영지원** 김지선

ISBN 979-11-93394-34-2 (03320)

· 가격은 뒤표지에 있습니다.
· 잘못된 책은 구입하신 서점에서 교환해드립니다.
· 이 책은 투자 참고용이며, 투자 손실에 대해서는 법적 책임을 지지 않습니다.

당신의 소중한 원고를 기다립니다.
mango@mangou.co.kr